DOMINIK PIETZCKER

KURSBAUSTEIN
WERBETEXT
UND
KOMMUNIKATION

Der vorliegende Kursbaustein ist eine bearbeitete und erweiterte
Ausgabe des Werkes
Dominik Pietzcker: Werbung texten,
erschienen in der Reihe Pocket Business.

Bei den in diesem Buch wiedergegebenen Anzeigen, Anzeigenaus-
schnitten, Broschüren und Plakaten handelt es sich ausschließlich um
Anschauungsbeispiele. Die abgebildeten Wort- und Bildmarken sowie
die Erwähnung findenden Markennamen, Soft- und Hardwarebezeich-
nungen sind im Allgemeinen durch die Bestimmungen des gewerblichen Rechtsschutzes geschützt. Es wird ausdrücklich darauf hingewie-
sen, dass eine Vervielfältigung und Nutzung zu anderen Zwecken nicht
gestattet ist. Obwohl alle Angaben gründlich recherchiert sind, kann
keine Gewähr übernommen werden. Dies gilt insbesondere für die
Aktualität und Qualität der angegebenen Internet-Adressen.

Verlagsredaktion: Ralf Boden
Grafik und technische Umsetzung: TypeArt, Grevenbroich
Umschlaggestaltung: Thomas Gnahm, Weimar
Titelfoto: © gettyimages, Loop Delay
Seite 59, 78: © fotolia, Nautilus, Renee Jansoa

Informationen über Cornelsen Fachbücher und Zusatzangebote:
www.cornelsen.de/berufskompetenz

1. Auflage

Druck: Druckhaus Thomas Müntzer, Bad Langensalza

ISBN 978-3-589-23927-6

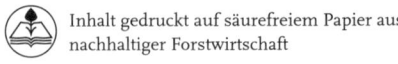 Inhalt gedruckt auf säurefreiem Papier aus
nachhaltiger Forstwirtschaft

Apropos texten

Kann man texten lernen? Das kommerzielle Texten, so hört man oftmals, sei Handwerk – eine Tätigkeit, die nach gewissen Regeln, Erfahrungswerten und Gesetzmäßigkeiten vonstatten gehe. Zu den Parametern gehören das Kalkül der Zielgruppen, die Verständigung über den Zweck der konkreten kommunikativen Maßnahme, der budgetäre Umfang, das gewählte Medium sowie das Umfeld der Konkurrenz.

Durch die mediale Revolution, das Öffnen qualitativ neuer Dialogformen und Möglichkeiten durch Web 2.0 sind die tradierten Formen des Werbetextes wesentlich breiter und vielfältiger geworden. Kommunikation findet plötzlich in einem völlig veränderten medialen Umfeld statt. Ein wenig überspitzt gesagt, die digitale Vernetzung gibt selbst der Kleinanzeige das Potenzial zu einem globalen Phänomen zu werden. Und das innerhalb kürzester Zeit.

Der radikal veränderte mediale Kontext, die Erhöhung der Vermittlungsgeschwindigkeit, das Verwischen der kommunikativen Grenzen und Schwellen sind neue Voraussetzungen des Schreibens. Hinzu kommt die Dominanz des Visuellen über das Textuelle. Der rezeptive Impact einer Anzeige erfolgt über das Bild, weit weniger über die formulierte Aussage. Die werbliche Botschaft wird zum ästhetischen Objekt verdichtet, die gedankliche Arbeit im grafischen Artwork eingebettet. Dieser Trend zur Visualität ist – in dieser Stärke und Virulenz – ein qualitativ neues Phänomen. Ein Phänomen, das sich auch auf die Zusammenarbeit zwischen Text und Grafik unmittelbar auswirkt. So prägt ein verändertes mediales Rezeptionsverhalten schon jetzt die Arbeitsrealität in den Kommunikationsagenturen.

Paradox ist auch die folgende Beobachtung. Durch kommerzielle und private Blogs, die Etablierung dialogischer Medien auf breiten und publikumswirksamen Plattformen wie Facebook erlebt die bereits totgesagte klassische Longcopy – also das Nur-Schreiben – geradewegs eine Renaissance.

Das Texten ist mithin eine Tätigkeit, die denjenigen, der sie ausübt, dazu zwingt, zumindest medial vollkommen auf der Höhe der Zeit zu sein. Tradierte Formate brechen auf, neue mediale und konzeptionelle Zusammenhänge entstehen, selbst kleinste Informationsvermittlung vollzieht sich im globalen Netz. Die Herausforderungen an den Werbetext sind dadurch nicht geringer geworden: zum Glück.

Berlin, im Januar 2011   *Dominik Pietzcker*

Inhaltsverzeichnis

Texten und Schreiben unter werblichem Aspekt

Auch in der Werbung gelten die Spielregeln der menschlichen Kommunikation

In diesem Kapitel erfahren Sie, warum

- die Wirkung von Werbung nicht darin liegt, etwas Neues zu erfinden, sondern darin, Lebenswirklichkeiten derart zu verdichten und auf den Punkt zu bringen, dass sich Zielgruppen emotional angesprochen fühlen.

- Werbung primär keine ästhetische Disziplin, sondern eine kommunikative Dienstleistung ist, die der Absatz-, Umsatz- und Imageförderung des Auftraggebers dient.

- werbliche Kommunikation primär ein Kampf um Aufmerksamkeit ist, der nur gewonnen werden kann, wenn sie die Kriterien von Einfachheit, Klarheit, Einfallsreichtum und Authentizität erfüllt.

- Einzigartigkeit, Wiedererkennbarkeit und starke Profilierung gegenüber den Wettbewerbern nicht durch die Merkmale von Produkten und Dienstleistungen erreicht wird, sondern durch eine kommunikative Strategie, der es gelingt, damit verbundene, anthropologisch motivierte Gefühle zu wecken und anzusprechen.

- Kritik an der Werbung ihre ästhetische Komponente unberührt lässt und letztlich immer Gesellschaftskritik sein muss und damit einer soziologischen Perspektive bedarf.

1

1.1 Basics

1.1.1 Text, Werbung, Kommunikation

Worum geht es in der Werbung? Darum, den Betrachter teilhaben zu lassen an Informationen und Aspirationen, projiziert auf ein bestimmtes Unternehmen, ein Produkt oder eine Dienstleistung. Kommunikative Teilhabe bedeutet im Kern, dass man dem anderen etwas anbietet, das seine Aufmerksamkeit rechtfertigt. Er könnte sich ja auch mit ganz anderen Dingen beschäftigen.

Soll er aber nicht – zumindest nicht in dem Moment, wenn ihn eine (Werbe)botschaft erreicht. Im richtigen Augenblick das Bewusstsein des Rezipienten erreichen, die innere Panzerung durchbrechen und, im besten Fall, die relevante Aussage platzieren – das ist Sinn und Strategie werblicher Konzepte und somit auch des Werbetextes.

Aber mit welchen Inhalten trifft man eine solche Aussage, damit sie glaubwürdig erscheint?

Und wichtiger noch: Wie stellt man sicher, dass sie ihren Adressaten tatsächlich erreicht?

Wir alle wissen aus unserer Alltagserfahrung, wie schwer es ist, um die Aufmerksamkeit eines Menschen zu kämpfen. Wir müssen uns dafür nur selbst prüfen: Wann und wie sind wir wirklich aufnahmebereit und aufnahmefähig für das Neue?

Das Dilemma der Werbung ist das Dilemma der Kommunikation schlechthin. Es genügt eben nicht, etwas zu sagen, zu schreiben, zu zeigen – es muss den anderen auch erreichen, ihn regelrecht treffen, zumindest Eindruck hinterlassen und Wirkung zeigen.

Entscheidend ist nicht, was ich sage, sondern was beim anderen ankommt.

Genau dies ist der Grund, weshalb die Werbung ständig um die Aufmerksamkeit ihrer Zielgruppen kämpfen muss. Neue Ideen, neue Formate und neue mediale Verknüpfungen sind durchaus geeignet, das kostbarste Gut des Verbrauchers zu gewinnen – seine möglichst ungeteilte Aufmerksamkeit. Denn nur sie kann primär ein Umdenken, mithin eine Änderung im Konsumverhalten auslösen.

Selbst die Imagebildung ruht im Letzten auf der Bereitschaft der Menschen, kommunikative Inhalte aufzunehmen und zu verarbeiten. All das, was wir über ein Unternehmen, eine Marke oder ein Produkt denken, welche Werte wir mit ihnen assoziieren, der Grad der Anziehung, den wir für sie empfinden, sind rein kommunikativ errungene Inhalte. Anders gesagt: Das Bild der Werbung in unseren Köpfen ist Teil unserer Welterfahrung, untrennbar von dieser und auf dieselbe Art und Weise erworben.

Dieses Faktum darf der professionelle Werber niemals aus den Augen verlieren:

> **Werbung ist nichts anderes als ein Sonderfall der Kommunikation.**

Sie unterliegt denselben Gesetzmäßigkeiten und sinnlichen Prägungen wie jeder andere kommunikative Akt – sei es im Gespräch, in der Betrachtung oder in der Kontemplation. Werbung lebt letztlich von der sinnlichen Grundverfassung des Menschen. Ihr Auftrag besteht darin, diese in einen wirtschaftlich relevanten Faktor zu verwandeln. Möglichst effizient. Und effizient heißt: mit überschaubaren Mitteln eine kompakte inhaltliche Dichte zu erzielen.

Wie lässt sich diese – auch sprachliche – Verdichtung leisten? Nur durch radikale Reduktion. Also etwa, die Zusammenfassung des zentralen Produktvorteils in einen Satz mit maximal fünf Worten. Oder die Verknappung eines Leistungsversprechens auf ein einziges assoziationsstarkes Wort, genau das also, was der Claim *Vorsprung durch Technik* für die Marke *Audi* leistet.

Diese Denktechnik der Verknappung, Verkürzung, Verdichtung lässt sich trainieren. Die Richtung wird durch die Frage bestimmt:

- Was macht ein Produkt oder eine Dienstleistung singulär?
- Oder anders gefragt: Was könnte (aus Sicht des potenziellen Kunden) der relevante Unterschied zu anderen, konkurrierenden Angeboten sein.

Übung

Deshalb die einfache Übung:

Stellen Sie drei Gegenstände des alltäglichen Gebrauchs vor sich auf den Schreibtisch und denken Sie ernsthaft darüber nach, weshalb Sie sie gekauft haben. Echter Bedarf? Zeitvertreib? Empfehlung? Oder ein must-have-Konsumartikel? Versuchen Sie, den Grund zu verbalisieren. Die Worte, die Sie jetzt dafür finden, könnten bereits Bausteine einer zündenden Headline sein!

Werbung und Texten sind immer aktuell, gegenwartsbezogen – niemals historisierend. Wie wichtig gerade die unmittelbar ästhetische Komponente der Werbung ist, erkennt man beim Betrachten vergangener Kampagnen. Werbung wirkt seltsam ephemer, das hat sie mit der Mode gemein, und nichts ist so schnell obsolet wie ein Kleid oder eine Anzeige der vergangenen Saison. Den Zeitgeist treffen, besser noch dessen ureigener, souveräner Ausdruck zu sein, ist nicht das schlechteste Kommunikationsideal.

Werbung ist Abbild. Sie erfindet nicht, sondern reproduziert. Allein in ihrer Kombinations- und Assoziationstechnik erzielt sie den Effekt des Neuen. Sie ist die kommunikative Formel des industriell gefertigten Objekts und seines Abnehmers. Werbung spricht immer nur über das, was dinglich bereits vorhanden ist. Ein permanenter Diskurs der Objekte, nicht der Subjekte. Sinnhafter Ausdruck hierfür ist die eigentümliche Ästhetik des *packshots* – die fotografische oder visuelle Wiedergabe des Produktes selbst.

Auf der Höhe der Zeit stehen: Für den Texter bedeutet dies vor allem höchste Aufmerksamkeit und Sensibilität gegenüber der Gegenwart. Offenheit gegenüber ästhetischen Tendenzen und Phänomenen, Mode, Lifestyle, Musik und allem, welches den Wertewandel seismographisch dokumentiert. Niemals die Perspektive auf die Gegenwart, die unmittelbare Wirklichkeit verlieren. Das muss nicht unbedingt affirmativ sein – aber natürlich muss man wissen, worüber man schreibt.

> **Jeder Text, auch der Werbetext, ist in die vielfältig verwobene kulturelle und subkulturelle Matrix der Realität eingebettet.**

Durch die mediale Verknüpfung hat diese einen zunehmend universellen Charakter angenommen.

Bemerkenswerterweise lässt sich dieser kulturelle Webfaden weniger in den Besprechungsräumen der Unternehmen und Agenturen verfolgen, sondern zumeist „da draußen" – auf den belebten Straßen der Städte, in den U-Bahnen, Cafés und Restaurants, auf Partys, Konzerten und Familienfesten. Niemals darf der professionelle Texter die Bodenhaftung, gewissermaßen den unmittelbaren Bezug zur Wirklichkeit verlieren. Die vitale Auseinandersetzung mit der Gegenwart ist die beste Schule der Werbung und Kommunikation.

Übung

Sie wollen texten und die Menschen wirklich erreichen?
Machen Sie sich die Mühe, hören Sie auf die Alltagsgespräche in der U-Bahn, im Café, in der Kantine oder wenn Zeitgenossen ausschweifend in ihr Handy sprechen. Es gibt keine Banalität. Notieren Sie sich authentische Aussagen, verbale Neuschöpfungen oder einfach nur Gesprächsfetzen. Aus all den fragmentierten Worten und Gedanken ergeben sich relevante Zusammenhänge für den Werbetext. Denn genau für diese Menschen ist er ja in der Regel bestimmt.

Wer mit sozialen, moralischen oder ästhetischen Scheuklappen durch die Welt geht, wird wohl niemals eine mitreißende Headline schreiben.

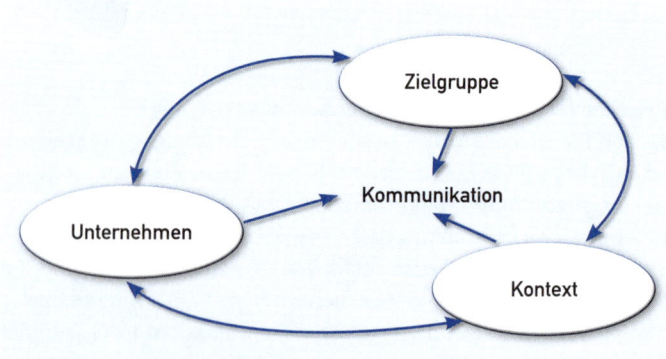 „Kenne die Zielgruppe wie dich selbst – nur so hast du ihr etwas zu sagen!"

1.1.2 Orientierungsmuster werblicher Kommunikation

Das Dreigestirn am Werbehimmel lässt sich klar benennen:

- Unternehmen,
- Zielgruppe,
- Kontext.

Innerhalb dieser drei Koordinaten vollzieht sich jede werbliche Konzeption. Das Problem ist nur, dass die Positionen der drei Koordinaten nicht immer widerspruchsfrei zu benennen sind. Und so ist auch der Werbetext oftmals ein Balanceakt zwischen den Vorgaben der Marketingabteilung, der wirtschaftlichen Realität am Markt und der jeweiligen kulturellen und gesellschaftlichen Befindlichkeit, die niemals aus den Augen zu verlieren ist.

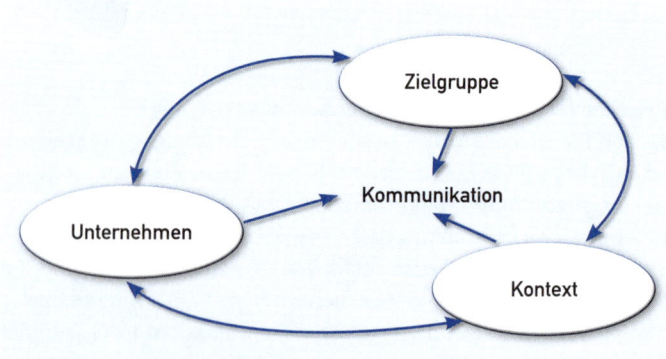

Das Dreigestirn am Werbehimmel: Unternehmen, Zielgruppe, Kontext (Orientierungspunkte werblicher Kommunikation)

Das Unternehmen
Werbung und Werbetext sind Auftragsarbeiten, eine kommunikative Dienstleistung, die nicht aus geistiger Eigeninitiative, sondern

erst auf ausdrückliche Anfrage erbracht wird. Das ist auch der Grund, weshalb die kreative Leistung in der Entscheidungsphase ausschließlich vom Auftraggeber beurteilt, bejaht oder verworfen wird. Der Texter muss also zuerst das Unternehmen verstehen, seine Philosophie, seine Werte und Eigenheiten, eher er sich an die Arbeit macht. Denn nichts wäre verhängnisvoller, als am Kunden vorbei zu kommunizieren.

Will eine Agentur erfolgreich für ein Unternehmen arbeiten, wird sie dessen Sprache erlernen müssen.

Auch an diesem Paradox kommt der Texter nicht vorbei: Das Endprodukt Werbung ist für den Markt, für die Konsumenten bestimmt, was ganz andere Anforderungen an die Kommunikation stellt als beispielsweise die Marketingabteilung des Unternehmens. Dennoch muss die Werbung für den Auftraggeber, der sie schließlich bezahlt, nachvollziehbar sein. Für Kommunikationsagenturen sind ihre jeweiligen Auftraggeber das Portal zum Markt der Konsumenten.

 Der Spagat zwischen Kunde (Auftraggeber) und Konsument ist die tägliche Übung des Werbetexters.

Die Zielgruppe

Sie ist der Schlüssel zum Werbeerfolg. Ohne klare Definition der Zielgruppe läuft jede Kommunikation ins Leere. Wie der Einzelne im alltäglichen Gespräch, so richtet sich auch der Werbetext ganz konkret an seinem jeweiligen Gegenüber – der Zielgruppe – aus. Im Angesicht der Zielgruppe gibt es kein Pardon. Wenn die Botschaft nicht wahrgenommen wird, wenn sie die Zielgruppe kalt lässt und sie nicht zu einer Verhaltensänderung animiert – dann war in der Tat die Mühe des Textens vergeblich und das Budget vergeudet.

Das ehrliche Nachdenken über die Bedürfnis- und Erwartungshaltung der potenziellen Rezipienten ist die beste Voraussetzung für eine gelingende textliche Ansprache. Für den engagierten Texter gilt daher die Faustregel:

 Fühle dich in deine Zielgruppe ein, welche auch immer es sei.

Der kulturelle Kontext

Werbung vollzieht sich niemals in einem ökonomischen oder kulturellen Vakuum. Es gibt kein kommunikatives Nirwana, keine schützende Weltmuschel. Das Texten vollzieht sich unter hohem kulturellem Druckausgleich mit der Gegenwart. Neugierde ist die kreative Tugend par excellence! In den Ritualen der Alltagswelt, den Absurditäten des Berufslebens, den Irrungen und Wirrungen der Partnersuche, in den Krisen der Adoleszenz, in den Prestigekämpfen der Eliten, kurzum: in den Facetten des modernen zivilisatorischen Lebens und der Menschen, die es führen, liegen die wertvollsten werblichen Anknüpfungspunkte, das höchste Ideenpotenzial und die überraschendsten kreativen Ansätze.

▶ **Wer in der Werbung arbeitet, kommt um eines nicht herum – die frontale Auseinandersetzung mit dem Hier und Jetzt.**

Übung

Augen auf, Ohren auf: zuschauen, zuhören, lesen.
Mit dem Texten geht im Zweifelsfall ein gewisser Hang zur Kontemplation einher. Man muss die Phänomene der Gegenwart beobachten – erst dann kann man ihnen gerecht werden.
Einfache Übung: Fassen Sie die eine Seite Ihrer Lieblingszeitung im Geiste zusammen – aber geben Sie dabei den Artikeln neue Überschriften!

Die Ästhetik der Werbung ist dabei ein Kulturphänomen der besonderen Art. Sie ist die einzige Kommunikationsdisziplin, die systematisch und seit jeher mit Bild und Wort zugleich arbeitet. Eine bis heute progressive Methode, die eine völlig neue Ausdrucksform erschaffen hat. Bildmotiv und Headline, genauer gesagt, ihr Spannungsverhältnis zueinander, formen zusammen den kommunikativen Kern der Botschaft. Sie ist der eigentliche Informationsträger.

Anders gesagt: Für die Werbung sind das Bild und das Wort allein weit weniger wichtig als ihr Zusammenschmelzen in einer neuen expressiven Form als *Botschaft*.

Werbung ist holistisch von Anfang an und primär an vermittelbaren Inhalten interessiert. Entsprechend pragmatisch ist sie in ihrer Methode. Dabei entstehen völlig neue Spannungsverhältnisse zwischen Wort und Bild.

Man könnte auch von einer dem Bild zugewandten Rhetorik sprechen. Überzeugungskraft durch repetitive Mechanismen, visuell umgesetzt als so genanntes key visual. Verbale Zuspitzung in gleichsam klassischer Lakonie in der Headline. Äußerste Bildhaftigkeit in der Ansprache – überhaupt: der explizite Wirkungswille (erst das Wort, dann die Handlung!) sind bemerkenswerte Parallelen zwischen der klassischen Rhetorik und der werblichen Kommunikation. Beide kennen die Beschwörungsformeln für das Publikum: Wiederholung, Anschaulichkeit, argumentative und suggestive Überzeugungskraft. Rhetorik geht auf Konsens aus – Werbung auch. Jeder kommunikativer Akt ist der Versuch zu überzeugen, zu fesseln, zu wirken. Konsum ist, so betrachtet, die Folge werblich-rhetorischer Überredungskunst. Ein Akt der Affirmation und des Applauses.

Das klassische Modell der Kommunikation   1.1.3

Werbung und mit ihr das Texten ist nichts anderes als eine ökonomisch motivierte und medial vermittelte Form der Kommunikation. Ihr Anspruch ist und kann nur sein, dass sie unmittelbar wahrgenommen, verstanden und internalisiert wird.

Die Werbung stellt keine existenziellen Fragen, sondern liefert schnelle Antworten in Form von unbezweifelbaren und bisweilen sogar recht imperativen Aussagen:
- *„Make the world a fitter place."*
- *„Qualität ist das beste Rezept."*
- *„Entdecke die Möglichkeiten."*
- *„Life tastes good."*
- *„Natürlich frisch."*
- *„Better light for a better life."*

Die Aussagen bergen ein starkes emotionales Versprechen – ein Versprechen, das der Verbraucher in der Tat nachprüfen kann. Er braucht sich das Produkt lediglich anzueignen. Von der Botschaft „Kauf mich!" zur intendierten Kaufhandlung durch den Konsumenten ist es allerdings ein weiter Weg. Die Werbung und das Werbetexten haben die Aufgabe, diesen Weg möglichst hindernisfrei, angenehm und erstrebenswert zu machen. Missverständnisse wären hier nicht nur ärgerlich, sondern geradezu kontraproduktiv.

Das Missverständnis ist die kommunikative Todsünde der Werbung. Aber wie sind kommunikative Missverständnisse in der Werbung zu vermeiden?

Ein Abgleich des klassischen Kommunikationsmodells mit werblicher Kommunikation ist hilfreich, um eine strukturelle Antwort zu finden.

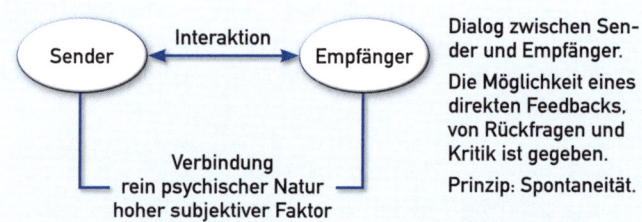

Klassisches Kommunikationsmodell

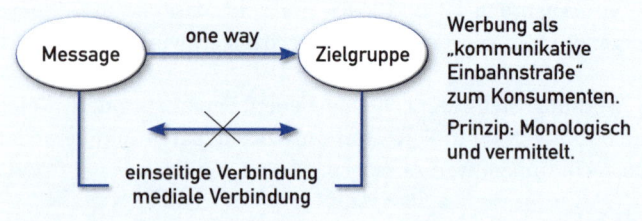

Werbliches Kommunikationsmodell

Die Intention der Werbung, und mit ihr des Werbetextes, ist von geringer Bandbreite. Stets geht es um Bekanntheit, Sympathie und Kaufbereitschaft, kurzum: um Image und Konsum. Von unendlicher Variabilität hingegen sind die Wege, die zu diesem Ziel führen. Und immer ist es faszinierend, wie Bilder zu Aussagen gerinnen und diese zu Kampagnen. Ein Prozess, der im Folgenden einmal strukturell dargelegt werden soll.

Wege der inhaltlichen Vermittlung 1.1.4

Die Aussage der Werbung ist von dem Medium, das sie vermittelt, nicht zu trennen. *„The medium is the message"* – dieses oft gebrauchte Schlagwort von Marshall McLuhan hat auch nach einem halben Jahrhundert nichts an Gültigkeit verloren. Für die Konzeption der Werbung bedeutet dies, dass kreative und strategische Überlegungen niemals getrennt voneinander betrachtet werden können. Oberstes Kriterium ist dabei die Angemessenheit der Kommunikation bezüglich der Zielgruppen und der jeweiligen Marke bzw. des Produktes, der Dienstleistung und des Unternehmens.

Stets stellt sich der Texter die Fragen:

- *„Passt meine Aussage zum Unternehmen und seinem Produkt?"*
- *„Wird sie von der Zielgruppe verstanden?"*
- *„Ist sie überhaupt relevant?"*

Das größte Problem, dem sich die werbliche Kommunikation zur Zeit gegenübersieht, sind weit weniger die schwindenden Budgets als vielmehr die schwindende Akzeptanz im Bewusstsein der Zielgruppen. In der avancierten postindustriellen Dienstleistungsgesellschaft sind Aussagen und Signale der Werbung und des Textes nur ein Informationsreiz unter vielen anderen. Weshalb sollte der Rezipient ihnen sonderliche Aufmerksamkeit schenken? Um sich diesen Sachverhalt vor Augen zu führen, genügt ein einfacher Selbstversuch.

Übung

Eine ganz einfache Übung:
Achten Sie bewusst auf die Plakate, Anzeigen, Spots und Werbebanner, mit denen Sie im Laufe eines Tages konfrontiert werden. Machen Sie eine Strichliste.

An wie viele von diesen Werbe- und Textreizen können Sie sich am Ende eines einzigen Tages konkret erinnern?

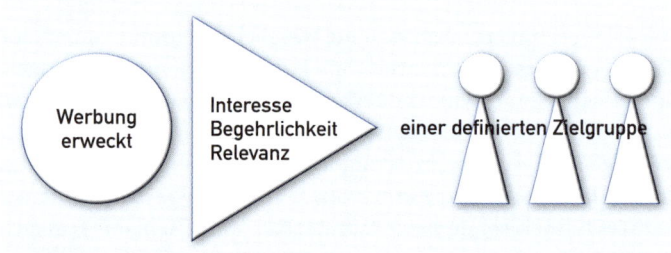

Werbliche Kommunikation ist heute primär ein Kampf um Aufmerksamkeit.

Entsprechend lautet die erste Frage, die sich während des kreativen Prozesses stellt, wie folgt: Auf welche Weise kann überhaupt in einem Umfeld konstanter Reizüberflutung Aufmerksamkeit errungen werden? Dabei geht es nicht so sehr um Auffallen à tout prix, sondern um die erfolgreiche Überwindung der Wahrnehmungsschwelle aufseiten der Zielgruppe.

Wie so oft liegt die Antwort im Bereich zwischenmenschlicher Kommunikationsmuster. In der Werbung wie in der Alltagskommunikation gilt es, den anderen (die Zielgruppe) in das Zentrum der eigenen Bemühung zu stellen.

Die einzig relevante Frage lautet daher:
Wie gelingt es mir, den anderen zu überzeugen?

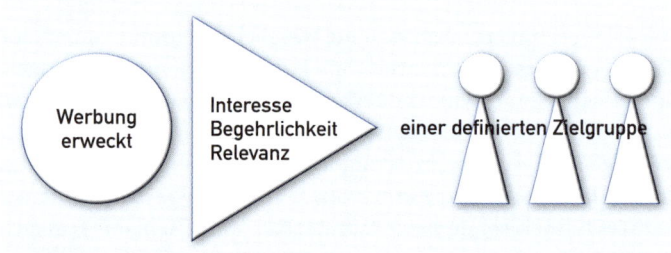

Den anderen in das Zentrum der eigenen Bemühungen stellen

Wir alle wissen, welch beinahe schon übermenschlicher Anstrengungen es bedarf, um andere vom eigenen Standpunkt zu überzeugen. Beim Texten und Konzipieren von Werbung ist es nicht anders. Man muss sich zunächst Gehör verschaffen, um überhaupt die Möglichkeit zu haben, die eigene Position zu verdeutlichen.

Und damit nicht genug – bis zur letzten Sekunde gilt es, den Gegenüber zu fesseln und seine Aufmerksamkeit zu bannen. Nur durch Aufmerksamkeit auf Seiten des Rezipienten können kommunikative Inhalte erfolgreich übermittelt werden. In diesem Sinne sind auch kommerziell motivierte Kommunikation wie die Werbung und das Texten ein reines Übertragungsphänomen.
Doch wie lässt sich sicherstellen, dass der andere auch auf Empfang schaltet?

Um die Zielgruppe zu erreichen, muss die werbliche Konzeption eine Brücke zu ihr bauen – einen gangbaren Steg errichten, der sicherstellt, dass die gewünschten Informationen auch dort ankommen, wo sie hingehören, im Kopf der Rezipienten. Diese Aufgabenstellung umreißt auch schon die größte Herausforderung des professionellen Textens. Nämlich Worte erfolgreich an ihr Ziel zu bringen.

Vier Kriterien bahnen den Weg in den Kopf des Rezipienten:

- Einfachheit
- Klarheit
- Einfallsreichtum
- Authentizität

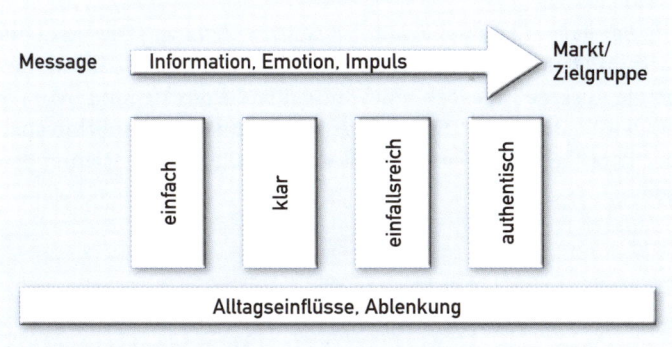

Die kommunikative Brücke und ihre vier Pfeiler

Was bedeuten diese Begriffe im werblichen Sinn?

Pfeiler 1 Einfachheit: Die werbliche Primärtugend

Auch komplexe Sachverhalte können präzise dargestellt werden. Es geht dabei nicht um Simplifikation, sondern um Anschaulichkeit und Verständlichkeit. Belasten Sie Ihre Zielgruppe nicht damit, Ihren Schachtelsätzen zu folgen. Viel wichtiger ist es, dass Sie in der Sache verstanden werden.

Zur Verständlichkeit gehören:

- Kurze Sätze
- Einfache grammatikalische Strukturen
- Wiederholungen, Zusammenfassungen, Anschaulichkeit

Als Faustregel gilt:

Machen Sie es dem anderen (der Zielgruppe) so einfach wie möglich, Ihren Worten und Aussagen zu folgen.

Die Zielgruppe ist die einzig ausschlaggebende Richtinstanz. Bedenken Sie, dass es das oberste Ziel werblicher Kommunikation ist, verstanden zu werden. Die geistige Horizontlinie der Zielgruppe ist dabei die einzig mögliche Rahmengröße.

Beispiel Einfachheit: Der *Wiener Kurier* behauptet einfach, kurz und bündig:

„Ein guter Tag beginnt mit der besseren Zeitung.“ Dieser Claim lässt an Deutlichkeit nichts zu wünschen übrig. Die dahinter liegende Aussage ist jedoch rein kompetitiv, die direkte Kampfansage an den Wettbewerb: *„Wir sind besser!“* Und natürlich möchte auch der Leser keine bloß gute, sondern eben die bessere Zeitung haben.

Pfeiler 2 Klarheit: Oder haben Sie etwas zu verbergen?

„Alles was sich sagen lässt, lässt sich klar sagen“, bemerkt Ludwig Wittgenstein. Diese Tugend kommunikativer Klarheit sollten auch Sie sich unbedingt zu Eigen machen. Klarheit meint hier primär das Ergebnis eines gedanklichen Prozesses:

- Haben Sie sich hinreichend Gedanken darüber gemacht, was Sie inhaltlich kommunizieren wollen?
- Gibt es eine harte Aussage, die Sie konsequent und auf allen Ebenen vorantreiben wollen?
- Halten Sie den passenden Sprachstil konsequent durch?

Ohne eine klare inhaltliche und stilistische Festlegung – und dies ist eine rein gedankliche Vorarbeit – brauchen Sie sich erst gar nicht die Mühe machen, um der richtige Formulierung zu ringen. Denn die gültige werbliche Formulierung ist lediglich die sprachliche Umkleidung der Aussage.

Der Werbetext sollte den Anschein erwecken, nichts zu verbergen. Er ist offenherzig und direkt.

Transparenz schafft Klarheit, Klarheit schafft Vertrauen, Vertrauen schafft Bindung.

Beispiel Klarheit: Der niederländische Lebensmittelkonzern *Campina* bewarb seine Produktreihe *Landliebe* (Milchprodukte) mit dem Claim: *„Liebe ist, wenn es Landliebe ist."*

Offensichtlich steckt dahinter eine kraftvolle, wenn auch nicht nachprüfbare Aussage: „Unsere Produkte sind mit Liebe gemacht" – eine klare emotionale Abgrenzung gegenüber den Mitbewerbern, denen es eben an einer wichtigen Zutat zu fehlen scheint.

Ein gutes Beispiel für Transparenz und Klarheit im Bereich Lebensmittel sind die so genannten Bio-Produkte. Durch offizielle Qualitätssiegel, ausführliche Angaben zu Herkunft und Inhalte gelingt es dieser Produktgruppe geradezu spielerisch das Vertrauen der Käufer zu gewinnen und zu halten.

Pfeiler 3 Einfallsreichtum: Oder wollen Sie lieber langweilen?

Dieser Pfeiler der werblichen Kommunikationsbrücke steht in der gefährlichsten Strömung. Logisch: Wer will sich schon wiederholen, langweilen oder einfach verstaubte Plattitüden von sich geben?

Nur: Wie erreicht man das maximale Überraschungsmoment, ohne an Relevanz der Aussage zu verlieren?

In der Analyse werblicher Kommunikationsmuster zeigt sich, dass sich brillante Kampagnen stets durch eine hohe Assoziationsbreite auszeichnen. Das Produkt wird dabei in einen freien, aber stets nachvollziehbaren assoziativen Zusammenhang gestellt.

> **Das Überraschungsmoment liegt dabei in der Kombination des scheinbar Unkombinierbaren.**

Assoziativ verbunden werden zum Beispiel ein Auto mit einer Liebesgeschichte, eine Jeansmarke mit Bachs wohltemperiertem Klavier, ein Schokoriegel mit Athletik, ein Mineralwasser mit antiken Göttern, eine Zigarettenmarke mit dem Mythos des Wilden Westens, ein Kaugummi mit Surfen, ein Softdrink mit Weihnachten – die Liste ließe sich beliebig fortsetzen.

Der Begriff der Assoziationsbreite meint dabei die Möglichkeit für den Betrachter, die Werbebotschaft in einen eigenen Deutungszusammenhang zu stellen. Dieser semantische Korridor ist jedoch so gelegt, dass er mit der intendierten werblichen Stoßrichtung übereinstimmt. Die Kongruenz zwischen Intention und Wirkung wird auf rein assoziativem Wege erreicht.

Pfeiler 4 Authentizität: Bleiben Sie glaubwürdig!

Nichts ist schwieriger zu erringen und leichter zu verlieren als das Vertrauen eines Menschen. In der Werbung verhält es sich nicht anders. Nach über 50 Jahren des kontinuierlich wachsenden Kommunikations- und Werbedrucks haben jedoch auch die Konsumenten dazugelernt und intellektuell aufgerüstet. Werbung gilt mittlerweile als verdächtige Kommunikationsquelle. Sie ist ja niemals objektiv, sondern stets zweckgebunden. Sie will unmittelbar überzeugen, nicht diskursiv argumentieren. Sie appelliert zuletzt nicht an den Intellekt, sondern an den Geldbeutel.

Mangelnde Glaubwürdigkeit rächt sich umgehend durch vollständigen Imageverlust. Ein Versprechen muss daher nicht nur als wünschenswert, sondern auch als möglich dargestellt werden. Die Zielgruppen honorieren Authentizität. Glaubwürdigkeit allein ebnet heute den Weg zur Identifikation mit Produkten, Marken und ihren jeweiligen kommunikativen Aussagen. Denn niemand fällt gerne auf falsche, übertriebene oder gar lachhafte Aussagen herein – das geht Ihnen nicht anders als den Zielgruppen. Kein Unternehmen kann sich mangelnde Glaubwürdigkeit erlauben. Zumal über das Internet als alternativem Informationskanal jederzeit die Möglichkeit besteht, werbliche oder unternehmerische Aussagen zu verifizieren oder zu falsifizieren.

Beispiel Authentizität: Auch die unmissverständliche Eingrenzung der Zielgruppe kann schon zur gewünschten sprachlichen Klarheit führen.

So wirbt beispielsweise der Berliner Sender Radio 1 mit dem Claim *„Nur für Erwachsene"* – damit erst gar kein Zweifel darüber besteht, auf wen die Programmgestaltung zugeschnitten ist.

Diese Form der Ausgrenzung als Mittel der Profilgewinnung funktioniert natürlich auch umgekehrt.

So wurde der Frankfurter Jugendsender *Planet Radio* mit der Kampagne eingeführt: *„Deine Eltern werden kotzen"*.

Für die Kernzielgruppe der Zwölf- bis Neunzehnjährigen eine durchaus Identifikation stiftende Aussage.

Übung	Zwei einfache Übungen zum Themenkreis Assoziation und Authentizität:

Erste Übung: Notieren Sie auf einem weißen Blatt Papier einen zentralen Begriff Ihrer Wahl (z.B. Auto oder Liebe oder Berlin). Schreiben Sie innerhalb von drei Minuten alle Begriffe nieder, die Ihnen spontan dazu einfallen. Wählen Sie aus den Begriffen denjenigen, der Ihnen am besten gefällt und setzen Sie ihn in Verbindung zu dem Ausgangsbegriff. Erfinden Sie eine Geschichte, die beide Begriffe miteinander vereint. Dies könnte bereits die Story zu einem Werbespot sein!

Zweite Übung: Notieren Sie auf einem zweiten Blatt Papier fünf offensichtliche oder sogar absurde Unwahrheiten (z.B. 2 + 2 = 5 oder „Der Sommer ist die kälteste Jahreszeit" oder „Paris liegt in Sibirien"). Schreiben Sie dann fünf offensichtliche Wahrheiten oder Allgemeinplätze daneben. Welche der beiden Gruppen von Aussagen wirkt überzeugender? Und zugleich: Welche irritiert und fasziniert stärker? (Authentizität leuchtet unmittelbar ein, aber sie eckt nicht an.)

1.2 Werbliche Kommunikationsmuster

1.2.1 Das ökonomische Kalkül

„Werbung", bemerkte Konstantin Jacoby, „ist zunächst mal Absatzförderung und dann Absatzförderung und dann vor allem Absatzförderung." Alles klar? Denn es stimmt ja, die Existenzberechtigung der Werbung liegt in einem rein ökonomisch motivierten Kalkül. Ihm haben sich alle anderen Überlegungen (Aussage, Gestaltung, Tonalität, Look etc.) unterzuordnen.

▶ **Das Motiv der Werbung ist die Ökonomie – und erst in zweiter Linie die Ästhetik.**

In diesem Sinne ist auch der Werbetext als eine professionelle Dienstleistung zu verstehen. Sie dient nicht der Selbstverwirklichung des Texters, sondern der Absatz-, Umsatz- und Imageförderung des Auftraggebers. Dennoch wäre es unsinnig, die sprachlichen Dienstleister als versierte Ökonomen, Manager oder hartgesottene Vertriebsfachleute anzusehen. Das Paradox der Werbung besteht ja gerade darin, dass sie durchaus auf künstlerisch inspirierte Talente angewiesen ist. Grafische Gestaltungsmuster, TV- und Kinospots, intelligente Headlines und geschliffene Copies sind ästhetische Ausdrucksphänomene, geschaffen von Menschen mit einem überdurchschnittlich ausgeprägtem Gestaltungswillen. Begabung, Ausdrucksvermögen, Wille zur Form und ein sehr bewusster ästhetischer Geschmack zeichnen gute Texter und Artdirektoren allemal aus.

So verblüfft es nicht, dass zahlreiche Schriftsteller und Künstler eine Etappe ihrer Laufbahn in Werbeagenturen verbrachten. Erich Maria Remarque, Bert Brecht, Wolf Wondratschek, F. Scott Fitzgerald, Eric Ambler und der französische Dramatiker Jean Anouilh – sie alle arbeiteten für die Werbung. Anouilh behauptete später sogar, die Werbung sei seine eigentliche poetologische Schule gewesen.

Bert Brecht dichtete 1928 für den Automobilhersteller *Steyr-Puch:*

Jedes Hinterrad schwingt geteilt für sich: wir haben
Eine Schwenkachse.
Wir liegen in der Kurve wie Klebestreifen.
Unser Motor ist:
Ein denkendes Erz.

Mensch, fahre uns!!

Werbetexter sind keine Schriftsteller. Bestenfalls verfügen auch sie über die Macht der Sprache (die letztlich die Macht der Ideen ist), aber sie setzen sie zu einem völlig anderen Zweck ein.

David Ogilvy bemerkte hierzu: *„Gute Werbetexte zu schreiben ist schwer. Aber es ist verdammt schwer, überhaupt etwas Gutes zu Papier zu bringen."* Und Aldous Huxley meinte, dass es leichter sei, ein passables Sonett zu verfassen als eine passable Headline.

Aber worin liegt der Unterschied zwischen einem Werbetext und jeder anderen sprachlichen Hervorbringung – sei es in Literatur, Film oder Umgangssprache? Er liegt weder in den Worten noch in der sinnlichen Valenz. Er ist weder in der Ästhetik noch in der Kombinatorik von Idee und Umsetzung. Auch Werbung ist gestalterischer Ausdruck. Der relevante Unterschied liegt allein in der Motivation. Der Fixstern der Werbung ist unabänderlich die Ökonomie. Alle Aussagen, Ideen und glücklichen Einfälle dienen im Letzten dem wirtschaftlichen Zweck, der alle werblichen Anstrengungen erst legitimiert. Ästhetik hingegen definiert sich selbst zweckfrei und absolut. Sie hat keinen Auftraggeber – sehr im Gegensatz zur Werbung, die sich selbst als eine kundenorientierte Dienstleistung begreift. Oder anders gesagt, auch die Werbung ist ein ökonomischer Akt. Die Ökonomie hat für den Werbetexter dabei eine doppelte Funktion. Sie ist Kompass und Demarkationslinie zugleich.

> **Das im Letzten gültige Argument zur Evaluierung eines Werbemotivs lautet eben nicht „gefällt's?", sondern „verkauft's?".**

Das heißt übrigens nicht, dass es auf der Ebene der Gestaltung nicht Berührungspunkte zwischen Kunst, Ästhetik und Kommunikation gäbe. Helmut Newton fotografierte in den frühen 1990er-Jahren eine Kampagne für *Osborne*, Andy Warhol und Roy Lichtenstein begannen als Grafiker in Agenturen und selbst Pablo Picasso war sich keineswegs zu schade, Publikumsplakate zu entwerfen.

1.2.2 Positionierung von Unternehmen, Produkten und Dienstleistungen

Jedes Unternehmen hat ein legitimes Bedürfnis danach, sich von seinen unmittelbaren Wettbewerbern zu unterscheiden. Die erfolgreiche Profilgebung dient als sicheres Fundament für die Etablierung von individuellen Markenbildern und Markenfamilien. Der Entwurf und die Durchsetzung einzigartiger Markenbilder ist eine kreative und zugleich strategische Leistung. Diese nachzuvollziehen, plastisch herauszuarbeiten und zu dokumentieren ist ein weiteres Aufgabenfeld des Werbetextes. Die erfinderische Leistung in Form einer Kampagne fußt auf einer klar definierten Kommunikationsstrategie und ist niemals isoliert von ihr zu betrachten. Die Werbung und ihre Aussagen sind dabei nichts anderes als das bunte Schild, hinter dem sich ein Unternehmen, eine Marke, ein Produkt oder eine Dienstleistung verbergen. Mit dieser Taktik der ästhetischen Blendung steht das einzelne Unternehmen keineswegs allein da.

◥ **Das kommunikative Paradoxon besteht ja gerade darin, dass alle Marktteilnehmer von der Notwendigkeit getrieben werden, sich vom Wettbewerb abzuheben – alle sind (scheinbar) anders, aber genau in diesem Bedürfnis nach Profil, Substanz und Andersartigkeit sind sich wiederum alle sehr ähnlich.**

Das Dilemma der Stereotypie und der uniformen Nonkonformität in Bezug auf den Mitbewerber lässt sich nur durch eine konsequente, strategisch stimmige Positionierung vermeiden. Jede Positionierung ruht auf Bildern, Aussagen und Eindrücken, die der potenzielle Konsument erfasst und verarbeitet. Dabei ist die Kommunikation (Bildmotive, explizite Aussagen mittels Text, sowie Maßnahmen des Corporate Design) lediglich eine Facette im komplexen Gebilde des Markenimages und seiner Rezeption. Entscheidend ist die Integration in die wirtschaftliche Wirklichkeit, die Abstimmung und Bezugnahme aller Maßnahmen auf das reale Produkt- und Leistungsangebot.

◥ **Geschlossene und überzeugende Markenbilder entstehen im Einklang mit der Wirklichkeit – weniger in ihrer Überhöhung.**

Eine starke Diskrepanz zwischen wahrgenommener Marke (Werbung) und erlebter Marke (Realität) führt zwangsläufig zur Zersplitterung des Markenbildes. Wer ein Premium-Angebot kommuniziert, muss auch eine Premium-Leistung erbringen. Die subjektiv spürbare Identität von Marke (Produkt, Dienstleistung) und Kommunikation ist Voraussetzung für die starke Position im Markt.

Das Konzept von *Marlboro*, eine Zigarette als maskulines Freiheitserlebnis zu positionieren, ging vollkommen auf. Hingegen schuf das Konzept von *Camel,* Anfang der 1990er-Jahre humoreske Plüsch-Kamele auftreten zu lassen, zwar kurzfristig eine eminent hohe Bekanntheit, in der Konsequenz jedoch erodierte der Markenkern innerhalb weniger Monate. Und mit ihm die Verkaufszahlen. Offensichtlich war die Schere zwischen Markenkommunikation und Produktleistung viel zu weit geöffnet worden. Auch die Werbung und ihr Text können nur versprechen, was das Produkt real zu leisten vermag. Die schwerste Übung ist es, eine nur allzu offensichtliche (und deshalb platte) Wahrheit originell zu verpacken.

Me-too oder USP?
1.2.3 ## Alleinstellung durch Kommunikation

Wir leben in einer Welt der Austauschbarkeit. Produkte, Dienstleistungen, ganze Unternehmenskomplexe stehen in unmittelbarer Konkurrenz zu Angeboten und Mitbewerbern, die zumindest gleichwertig, wenn nicht sogar besser sind. Jede Marke bewegt sich in einem Umfeld der Vergleichbarkeit – Competitiveness, nicht Superiority ist die Maßgabe für die meisten Hersteller. Auch Produktinnovationen, wie z.B. der Airbag für Automobile, die Einführung von Light-Linien bei Nahrungsmittelherstellern oder technische Features der Telekommunikation (z.B. Flatscreen), werden schnell und nachhaltig von den Mitbewerbern aufgegriffen. Der technologische Vorsprung im Markt, der aus dem Produkt selbst geschaffen wird, ist zumeist nur gering und von äußerst kurzer Dauer.

Aufgrund der Vergleichbarkeit von Angeboten sind die Unternehmen ständig auf der Suche nach dem Unterschied: nach einem Merkmal, das sie von ihren Mitbewerbern relevant und wirksam unterscheidet.

Entsprechend hoch ist der Innovationsdruck. Dieser wird direkt auf die Kommunikation umgelegt. Die Notwendigkeit der Unterscheidung ist eine umso dringlichere, als die meisten Produkte eine qualitative Alleinstellung aus sich selbst heraus nicht leisten können. Macht es objektiv einen so großen Unterschied, welches Label die Innenseite eines Anzugs ziert? Einen qualitativen Unterschied gewiss nicht – wohl aber einen kommunikativen und emotionalen!

Auf der Suche nach dem Unterschied, der im Bewusstsein der Konsumenten einen wirklichen Unterschied macht, ist man schließlich fündig geworden – in den Maßnahmen der Kommunikation. Die *Unique Selling Proposition (USP)* als ausschlaggebendes Verkaufsargument ist in die Defensive gerückt – an ihre Stelle tritt die *einzigartig profilierte werbliche Kommunikation (Unique Communication Proposition – UCP)*. Und das hat einen schlagkräftigen Grund.

Produktinnovationen, die sich auf technische Aspekte beschränken, können leicht egalisiert werden. Zu jedem Original gibt es rasch eine Raubkopie. Auch revolutionäre Produkteinführungen wie der *Walkman* von *Sony* zu Beginn der 1980er-Jahre, sichern nur einen relativen, keinen absoluten technologischen Vorsprung. Die Technologie der Reproduktion führt als Konsequenz mit sich, dass das Neue nur für kurze Zeit Gültigkeit hat – zu schnell findet es – womöglich sogar überlegene – Nachahmer.

Dennoch gibt es eine machtvolle Möglichkeit, Einzigartigkeit (Uniqueness) auch im Zeitalter der Produktimitation und der technologischen Trittbrettfahrer zu halten und zu etablieren. Es ist die Einzigartigkeit der Kommunikation.

Tatsächlich gelingt es, mit werblich-kommunikativen Mitteln einem Unternehmen (einer Marke, einem Produkt) jene Originalität und Einzigartigkeit im Bewusstsein der Zielgruppen zu verleihen, die es aufgrund seiner physischen Eigenschaften niemals erreichen könnte.

Die positive Wendung vom austauschbaren Me-too-Produkt zum singulären Erlebnisversprechen gelingt allein durch den Einsatz kommunikativer, nicht produkttechnologischer Mittel. Die kunterbunte *Langnese*-Party mit der dahinter stehenden Erlebniswelt oder das *Michelin*-Männchen als quirlige Personifikation des Unternehmens leisten genau das, was die beworbenen Produkte nicht leisten – Einzigartigkeit, Wiedererkennbarkeit und starke Profilierung gegenüber den Wettbewerbern.

Die Konsequenz ist einfach.

⬎ **Wenn Singularität für das Produkt selbst nicht erreichbar ist, so bleibt als gangbarer Weg zur Alleinstellung im Markt einzig die kommunikative Strategie.**

Auf dieser Grundüberlegung fußt auch der Werbetext. Um in der Öffentlichkeit das Image eines Unternehmens, einer Marke oder eines Produktes zu verändern, ist es notwendig, zwei Hebel anzusetzen:

1. Man muss die Kommunikation verändern und
2. man muss das Image in den Köpfen der Menschen aktiv umgestalten.

Gelingt dies, kann es von konkurrierenden Unternehmen nicht imitiert werden. Die Stärke der Kommunikation und ihrer Einzigartigkeit liegt also in ihrer äußeren Unangreifbarkeit.

⬎ **Produkte und Dienstleistungen lassen sich nachahmen; kommunikative Aussagen jedoch verselbstständigen sich, sobald sie getroffen wurden, im Bewusstsein der Rezipienten und entziehen sich damit dem Zugriff des Wettbewerbs.**

Wer wäre so kurzsichtig, diesen Vorteil leichtfertig zu verspielen? Der Werbetext balanciert entlang der Grenzlinie zwischen Produktspezifik und freier Kommunikationsgestaltung.

1.2.4   Mythos, Werbung und kultureller Kontext

Karl Marx bemerkte in seinem Kommunistischen Manifest (1848): *„Der mystische Charakter der Ware entspringt nicht aus dem Gebrauchswert."* An diesem Gedanken sind zwei Aspekte bemerkenswert. Zum einen die Bezeichnung *„mystischer Charakter"* und zum anderen der Begriff *„Gebrauchswert"*. Letzterer ist für die Werbung sekundär oder anders gesagt, Aufgabe der Werbung ist es, den Gebrauchswert der Ware mit einem kommunikativen Additiv ästhetisch und emotional zu überhöhen. Das Ergebnis ist in der Wahrnehmung des Konsumenten ein Objekt, das mehr ist als ein Ding, nämlich ein Fetisch, den zu besitzen vielleicht nicht existenziell nötig, wohl aber in hohem Maße erstrebenswert ist.

> ▶ **Image und Mythos eines Gebrauchsgegenstandes zu schaffen, zu pflegen und zu stärken sind zentrale Aufgaben werblicher Kommunikation und damit auch eine Herausforderung an den Text.**

Der sprachliche Ausdruck einer übergeordneten Konzeption muss gefunden und dargestellt werden. Der werbliche Mythos knüpft dabei an Erlebnismuster an, die außerhalb der Werbung stehen. Die Mythen der Werbung haben, wie jeder Mythos, ihren Ursprung in anthropologischen Sehnsüchten. Sie gründen nicht in Erfüllungen (das Glück ist immer langweilig), sondern in subjektiv empfundenen Mängeln.

Gerade weil wir Mängelwesen sind – schwach, hinfällig, verführbar –, sind wir so überaus empfänglich für Wunschwelten, ästhetische Blendungen, Projektionen und Phantasmagorien. Sie alle bilden den nie versiegenden Quell werblich relevanter Aussagen, Bilder und Positionierungen. Jeder Mythos kann auch zivilisatorisch angereichert werden – mit den Ikonen der jeweiligen geschichtlich-gesellschaftlichen Situation.

Den weltweit erfolgreichsten Marken ist es gelungen, eine menschliche Sehnsucht, einen zivilisatorischen Mythos mit dem eigentlichen Markenkern zu einer untrennbaren Einheit zu verschmelzen.

Das bekannteste und unerreichte Beispiel erfolgreicher Mythenbildung in der Werbung ist die Marke *Marlboro*. Mit dem Claim *„Come to where the flavour is. Come to Marlboro Country"* hatten die Chicagoer Werbestrategen den American Way of Life zu einem heroischen Mythos umstilisiert: zum Mythos der Freiheit, des männlichen Einzelgängertums und des empfundenen Einsseins mit einer spektakulären Natur. Heute sind die Grenzen von *Marlboro*

Country längst weltumspannend. Auf allen Märkten greift *Marlboro* nach der Marktführerschaft.

Wenn man sich fragt, wie konnte eine Marke mit einer einzigen kreativen Idee, einem einzigen, in bewundernswürdiger Konsequenz vorgetragenen werblichen Gedanken so erfolgreich werden, so gibt es darauf eine einfache Antwort. *Marlboro* spricht mit seiner Kommunikation eine der stärksten Sehnsüchte in der komplexen Welt der Zivilisation an, den Wunsch nach Ungebundenheit und Freiheit.

Der Sportartikelhersteller *Nike* hingegen bedient den Mythos des Triumphes (die Göttin Nike verkörperte in der griechischen Mythologie den Sieg). Die implizite Botschaft dieser Marke lautet: *„Sei ein Sieger."* Also, lass dich nicht unterkriegen, geh an deine Grenze und über sie hinaus, überwinde deine Ängste, überwinde dich selbst. Wer erkennt in diesem stilisierten Heroismus nicht das Wertideal der postindustriellen Leistungsgesellschaft? Das Erfolgsgeheimnis von *Nike* ist die beinahe vollkommene Übereinstimmung von wirtschaftlichem, gesellschaftlichem und sportlichem Leistungsethos.

▼ **Erfolgreiche werbliche Konzeption ist weit weniger erfunden als vorgefunden. Menschliche, gesellschaftliche und kulturelle Wertemuster werden dabei auf die Marke projiziert – bis beide zu einer Einheit zusammengefügt sind.**

Es genügt eben nicht, in der werblichen Kommunikation Produkt und Marke möglichst geschickt zu dramatisieren. Der Weg zum Konsumenten führt unweigerlich über dessen innerste Sehnsüchte.

▼ **Was den Verbraucher als Menschen (und nicht als Zielgruppe) bewegt, ist der Hebel für die erfolgreiche Kommunikation.**

Die werbliche Aussage muss nicht notwendig und vorwiegend etwas mit dem konkreten und objektivierbaren Nutzen des Produktes für den Konsumenten zu tun haben. Denn warum benötigen wir, die wir schon alles besitzen, noch ein Auto, immer den neuesten Computer, noch einen Anzug und noch ein weiteres Paar Schuhe?

▶ **Das kommunikative Additiv wird also niemals im Produkt selbst zu finden sein, sondern vielmehr in der psychischen Disposition des Rezipienten.**

Kurzum: Es geht um den permanenten Appell an die Gefühle, Sehnsüchte und Aspirationen der Zielgruppe. Aber dieser Appell darf niemals explizit, sondern nur suggestiv erfolgen. Ansonsten stößt er auf Abwehr.

▶ **Die stärksten Gefühle sind nicht die kulturell bedingten, sondern die anthropologisch motivierten.**

Liebe, Macht, Freiheit, Sexualität und Schönheit sind durch alle Gesellschaftsformen und geschichtlichen Wandlungen hinweg kraftvolle Motive menschlichen Handelns und Wollens – und eine niemals versiegende Quelle werblich und textlich relevanter Ideen. Der konzeptionelle Hebel in der Werbung dient dabei stets der kalkulierten Verbindung. Die inneren Motivationen der Marktteilnehmer werden mit dem Produkt und seinen realen oder rein kommunikativen Eigenschaften verwoben. Ein Produkt und eine Marke erscheinen umso begehrenswerter, je selbstverständlicher sie ihren Platz in unserem psychischen Haushalt einzunehmen vermögen. Diesen Platz allerdings müssen sie sich erst kommunikativ erobern.

▶ **In diesem Sinne sind die kommunikativen Eigenschaften eines Produktes stets willkürlich festgelegt. Sie beruhen auf einer bewussten Entscheidung – niemals auf einer naturgegebenen Notwendigkeit.**

Alles, was in der Werbung geschieht, ist Ergebnis eines begründbaren, konzeptionell festgelegten und zielorientierten kreativen Entscheidungsprozesses. Der professionelle Texter ist interessiert an den kulturellen, emotionalen und ökonomischen Verwandlungsprozessen. Denn sie sind der Stoff, dem er seine Ideen entnimmt.

Werbung ist, kein Zweifel, Teil der Alltagskultur. Aber sie kann es nur sein, weil sie inhaltliche *Pattern* und Wahrnehmungsmuster der Kultur übernimmt – spielerisch, bewusst und kalkuliert.

Nicht das Produkt selbst ist begehrenswert, seine schillernden werblichen Attribute sind es.

Marke, Produkt, Werbeaussage – sie alle stehen in einem unlöslichen Zusammenhang mit den jeweils vorgefundenen historischen, kulturellen, geografischen und wirtschaftlichen Konditionen.

Anders gesagt: Werbung ist (wie jede komplexe menschliche Hervorbringung) ein anthropologisches Statement, allerdings unter ökonomischen Vorzeichen.

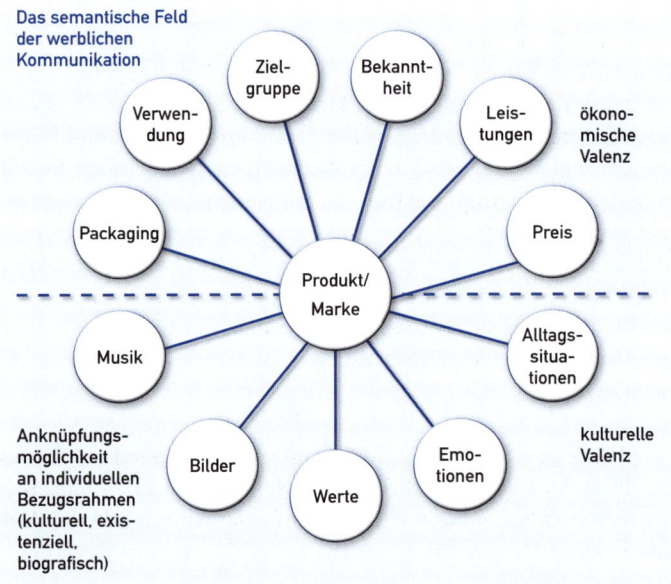

Das Produkt und sein kulturelles Bedeutungsumfeld

Werbliche Kommunikation ist Ausdruck unserer intimsten Hoffnungen, Wünsche und Begierden. Und diese können niemals unabhängig von unseren biografischen und, mehr noch, kulturellen

Prägungen betrachtet werden. Neben dem harten ökonomischen Kalkül spielen auch noch ganz andere, weiche Faktoren in die werbliche Kommunikation mit hinein.

Positiv oder negativ? Eine einfache Schreibübung!

Werbung wertet – und das zwangsläufig. In der Tendenz affirmativ, kennt der Werbetext keine Schrecken, sondern nur happy endings. Die Kunst besteht also darin, selbst das vermeintlich Unerfreuliche in gnädigem Licht erscheinen zu lassen.

Notieren Sie sich fünf Begriffe oder Tätigkeiten, die Ihnen ganz besonders unangenehm sind. Versehen Sie diese mit fünf ausgesprochen positiven und erfreulichen Adjektiven und Attributen. Versuchen Sie jetzt, sich diese positiven Aspekte bildhaft vorzustellen. Der Schlüssel vom Negativen ins Positive könnte ein zu bewerbendes Produkt sein!

Exkurs: Werbung, Text und Ethik

Die Werbung gehört – wie alle mediennahen Tätigkeitsfelder – zu den stark selbstreflektiven Branchen. Die Rezession und Wirtschaftskrisen der unmittelbaren Vergangenheit sind nicht spurlos an ihr vorübergegangen. Das destruktive Grundelement des ungebremsten Konsums, die Ausschließlichkeit des Materialismus und seine zivilisatorischen Auswirkungen werden auch innerhalb der Werbebranche nicht ignoriert. Bemerkenswerterweise geht die Losung *No more bullshit advertising* von der Werbewirtschaft selbst aus.

Die Maßlosigkeit des Konsums wird – das ist mittlerweile Konsens – als obszön, nicht als glamourös erlebt. Allgemein herrscht die neue Sehnsucht nach einer weicheren, harmonischeren, heileren Welt vor. Die neuen Werte sind Nachhaltigkeit, Treue, Zuverlässigkeit, Sicherheit. Genau dies ist nicht zufällig die zeitgemäße Definition von Glück.

Es erinnert an die spießige Heiterkeit des Prenzlauer Berg Publikums. Auch diese ist mitttlerweile ein universeller Code: Ausdruck eines zeitgemäßen Lebensgefühls der Unverbindlichkeit mit einer zeitgemäßen Auffassung von Attraktivität, Sinnlichkeit und Daseinsinhalt.

Welche Rolle spielt dabei die Kommunikation? Werbung als Ausdrucksphänomen gesellschaftlicher und wirtschaftlicher Verhältnisse – „die Dinge sind wie sie sind" – kann nur Symptom, niemals Ursache sein. Sie ist der Verstärker einer Melodie, die nicht sie selbst komponiert hat.

Werbung ist ein besonders artikulierter, bewusster und profilierter Teil eines Wertesystems, dessen Koordinaten seit längerem rätselhaft und fragwürdig erscheinen.

So bemerkt etwa der spanische Schriftsteller Rafael Chirbes in einem Interview mit der FAZ (4. Juni 2009): *„Nicht, dass der Materialismus keine Antworten mehr wüsste, ist das Problem, sondern dass sämtliche Visionen verramscht sind."*

Ist Werbung in ihrer Wirkungsweise tatsächlich ausschließlich manipulativ? Oder manifestiert sich in ihr nicht schon längst eine offene, gleichsam osmotische Wechselbeziehung zwischen Produzent und Konsument? (Im Internet wird diese kommunikative Mischform bereits heute vollzogen.) Ist Werbung also weit weniger Vorbild als Abbild, Spiegel der Gesellschaft und ihrer landläufigen Ästhetik und eben nicht die Schöpferin neuer Bilder, Werte und Haltungen? Ist demnach die Kritik an der Werbung nichts anderes als Kritik an der Gesellschaft selbst, die sie hervorbringt?

Und schließlich: Kann sich die Werbung – und mit ihr die Produkte, die sie medial inszeniert – von der jeweils vorgefundenen geschichtlichen Situation entkoppeln; ist der als modisch empfundene Eskapismus in die künstlichen Paradiese des Konsums eine real mögliche Alternative oder doch nur eine Wunschvorstellung innerhalb des Werbeblocks?

Die Ethik der Werbung liegt nicht in der bourgeoisen Konsummoral, sondern allein in ihrer Ästhetik begründet. Ideologisch motivierte Kritik bleibt in jedem Fall unfruchtbar und blind. Eine antikonsumistische Auffassung wird die Werbung prinzipiell verdammen müssen.

Diese mögliche und ernst zunehmende Kritik geht jedoch am Problemkern vorbei. Es geht ja gerade darum, Werbung besser zu verstehen und nicht darum, sie a priori zu verurteilen. (Letzteres wäre im Übrigen eine zu leichte Übung!) Eine ideologisch gefärbte Grundhaltung – pro oder contra werbliche Kommunikation – wird niemals zu einer tragfähigen Erkenntnis führen.

Kritik an der Werbung, etwa an ihren manipulativen Techniken, ihrer Unersättlichkeit, ihrer Oberflächlichkeit, ihrer zynischen Instrumentalisierung von Kulturwerten, ist daher immer Kritik an der Waren- und Konsumwelt selbst, die von der Werbung repräsentiert wird. Der ideologische Vorwurf ist, ob zutreffend oder nicht, in jedem Fall pauschal und dadurch blind gegenüber jeder tiefer gehenden Analyse. Die Kritik der Werbung ist Gesellschaftskritik und bedarf einer soziologischen Perspektive. Diese Kritik ist jederzeit möglich und notwendig. Aber sie geht am Wesen der Werbung vorbei – ihre Ästhetik bleibt davon völlig unberührt.

Der Werbetext ist eine besondere Form der Kommunikation

- Werbung und Werbetext vollziehen sich im Spannungsfeld von Auftraggeber, Zielgruppe und soziokulturellem Kontext.

- Werbung ist vermittelte Kommunikation. Es ist nicht ihre Aufgabe, Probleme aufzuwerfen oder zu lösen, sondern schnell und fraglos verstanden zu werden.

- Das primäre Ziel von Werbung ist es, Aufmerksamkeit zu erringen. Um dieses Ziel zu erreichen, muss sie einfach, klar, einfallsreich und authentisch sein.

- Die Motivation der Werbung ist in erster Linie ökonomisch, nicht ästhetisch. Entscheidend ist nicht die Frage „gefällt's?", sondern „verkauft's?"

- Im Umfeld austauschbarer Produkte und Dienstleistungen bleibt als einzig gangbarer Weg zur Alleinstellung im Markt die Kommunikation.

- Kommunikative Aussagen verselbstständigen sich, sobald sie getroffen wurden, und entziehen sich damit dem Zugriff des Wettbewerbs. Umso wichtiger sind Relevanz und Glaubwürdigkeit für den Rezipienten.

- Die werbliche Aussage muss nicht unbedingt etwas mit dem konkreten Nutzen des Produktes für den Konsumenten zu tun haben. Das kommunikative Additiv liegt vielmehr in der psychischen Disposition. Als Mängelwesen sind wir für Erlösungsversprechen äußerst zugänglich.

- Werbung appelliert an die Gefühle, Sehnsüchte und Aspirationen der Zielgruppe. Die stärksten Gefühle sind nicht kulturell, sondern anthropologisch verankert.

Text, Konzept, Kampagne

Von der werblichen Sprache zur gelingenden Kommunikation

In diesem Kapitel erfahren Sie,

2

- worin sich emotionale und rationale Aussagen unterscheiden und nach welchen Kriterien sie verwendet werden.

- wie die Schwelle der Aufmerksamkeit erfolgreich überwunden werden kann und warum inhaltliche Relevanz so unabdingbar ist.

- wieso die Zielgruppe immer im Mittelpunkt werblicher Überlegungen steht und wie man sich in sie hineindenkt.

- auf welche Weise Text-Bild-Spannungen etabliert werden können und was es mit dem Verhältnis von Sprache und Visualisierung auf sich hat.

- dass eine werbliche Botschaft nicht ausformuliert sein muss, sondern sich auch rein visuell darstellen lässt.

- wie sich eine Idee (im werblichen Sinn) definieren lässt – und wie auch andere von ihr diskursiv überzeugt werden können.

- warum ein spezifischer werblicher Stil als kommunikatives Unterscheidungskriterium so wichtig ist und auf welchem Wege man ihn erreicht.

Medienübergreifende Kampagne

Home

Einsatztage

Einsatz Feuerwehr
Einsatz Krankenhaus
Einsatz Straßenmeisterei
Einsatz Polizei
Einsatz Hochschule
Einsatz Steuer
Einsatz Schule
Einsatz Theater

Kommentare

Kontakt

Downloads

Impressum

Einsatztage

Feuerwehr – Arbeiten am Limit

Unfälle, Feuer, Hochwasser, Seuchen, Katastrophen und Störungen – das sind die täglichen Einsätze der 35.000 Berufsfeuerwehrleute in Deutschland. Für jeden von ihnen ist die Gefahr ständiger Begleiter. Wo alle sich in Sicherheit bringen, stehen die Feuerwehrleute an vorderster Front und riskieren oft genug ihr Leben. Eine ruhige Kugel schieben? Das gibt es bei der Feuerwehr nicht. Allein in der Domstadt Köln sind die Kollegen im Jahr 2009 rund 120.000 Mal zum Einsatz ausgerückt.

mehr

Krankenhaus – Akkordarbeit statt Menschenwürde

Keiner will ins Krankenhaus. Aber wenn, wünscht man sich nichts mehr als eine gute, engagierte Versorgung. Vor diesem Hintergrund ist es ein Skandal, was zurzeit in deutschen Krankenhäusern passiert. Die 2.000 Krankenhäuser haben im letzten Jahrzehnt fast 100.000 Beschäftigte wegrationalisiert, darunter 50.000 Pflegekräfte. Gleichzeitig ist die Zahl der Patienten um eine Million gestiegen.

24.01.2011 // Düsseldorf

mehr

Straßenwärter – Schwerstarbeit bei Wind und Wetter

Rund 30.000 Straßenwärterinnen und Straßenwärter sorgen auf den 231.500 km Straßen für freie Fahrt. Im Winter räumen sie Schnee und Eis, im Sommer stutzen sie die Vegetation oder beheben Schäden auf der Fahrbahn – und das alles mitten im fließenden Verkehr. Die Zeitschrift AutoBild bringt es auf den Punkt: „Straßenwärter – ein Job zwischen Leben und Tod." In der Tat vergeht kein Tag ohne schweren Unfall. Durchschnittlich verunglücken jährlich 9 Straßenwärterinnen und Straßenwärter tödlich, die Zahl der Schwerverletzten liegt im dreistelligen Bereich. Die Wahrscheinlichkeit eines Arbeitsunfalls ist 13 Mal höher als in der gewerblichen Wirtschaft.

Unsere Einsatztage

Unsere Forderungen

Presseinformationen unter:

www.verdi.de | www.dbb.de

Video Pressekonferenz
14.12.2010

Kommentare

10.02.2011
Lydia Fischer
Akkordarbeit im Krankenhaus

27.01.2011
Karlheinz Göbel
Missstände im öffentlichen Dienst

25.01.2011
Michael Maurer

„Wir machen das. Wer sonst?" Mit einem griffigen Slogan startet die Tarifkampagne 2011. Neben Internet und Plakaten finden an fünf Standorten in Deutschland aufeinander abgestimmte Aktionstage statt. Neben den Menschen vor Ort wird insbesondere auch die Presse erreicht und bundesweit ein hohes Medienecho generiert.

2.1 Voraussetzungen des Textes

2.1.1 Definition der Kernaussage

Erst denken, dann schreiben. Bevor etwas zu Papier gebracht wird, muss vorab verbindlich festgelegt worden sein, was überhaupt werblich ausgesagt werden soll. Ein Werbemotiv ohne einen greifbaren Inhalt, ohne eine direkte Aussage und ohne eine transparente Botschaft wird notwendigerweise flach und unverbindlich bleiben. Selbst ein brillantes grafisches Artwork kann die inhaltliche Substanz nicht ersetzen.

Noch viel zu oft lautet der lapidare Auftrag an den Texter *„Uns fehlt da noch so eine Headline"* oder „Das ist noch nicht griffig genug" oder *„Bitte was mit Humor".* Schade – denn auf dieser Arbeitsgrundlage werden niemals substanzielle kommunikative Erfolge errungen.

Keine kommunikative Gestaltung, gleichgültig ob sprachlich oder bildlich, kommt ohne eine klar definierte konzeptionelle Kernaussage aus.

Diese Aussage findet sich im Produkt bzw. in seiner kommunikativen Überhöhung. Zumeist ist sie an einen greifbaren Produktnutzen gekoppelt, unterstreicht die Marktposition des Produktes oder definiert eine neue Nische. Über die kommunikative Kernaussage wird das konkrete Produkt- oder Markenversprechen transportiert. Beide zusammen bilden erst die Grundlage für die inhaltliche Arbeit am Text. Wie soll man einen sprachlichen Beitrag zur Marktbewahrung oder -expansion leisten ohne eine trittfeste Grundlage?

Die Kernaussage kommt vor dem Text

Die Headline *„Wenn Sie wissen wollen, woher der Wind weht"* für die deutsche Zeitschrift *Die Wirtschaftswoche* postuliert unmissverständlich Orientierung durch Wissen – ein klarer Vorteil für die Leserschaft. Jahrelang warb *Volvo* mit dem Claim *„for life"* – auch dies eine deutliche konzeptionelle Aussage, die aus dem Marken-

kern unmittelbar abgeleitet ist: *Volvo* ist der Inbegriff eines siche-
ren Autos. Selbst eine so generische Aussage wie *„Die Zeit hält an.
Die Reise beginnt"* für den Cognac *Hennessy* birgt ein ersichtliches
Produktversprechen: Genuss, Weltläufigkeit und Entspannung.

„Leben ist, was man daraus macht" mag ein Allgemeinplatz sein.
Als Headline für eine Anzeige der *Deutschen Bank* jedoch gewinnt
die Aussage eine neue Bedeutung und steht für Individualität, persönlichen Service und Vorausschau – Werte, die einem Bankinsti-
tut gewiss nicht schlecht zu Gesicht stehen. Auch die verblüffend
paradoxe Aussage *„Expect the expected"* für ein Schweizer Bankins-
titut lässt sich logisch auflösen, wenn man sich die Zielgruppe,
konservative Privatanleger, vergegenwärtigt.

▶ **Die strategische Kernaussage – also das, was inhaltlich hinter
den Bildern und Worten steht – ist gewissermaßen das Sprung-
brett für die textlich-konzeptionelle Arbeit.**

Fehlt sie, macht der Texter (um im Bild zu bleiben) nur kleine
Sprünge.

Beispiele für solche Kernaussagen, die zumeist auf Werten beru-
hen, sind:
- *„Wir geben Sicherheit."* – für Banken, Immobilien, Automo-
  bile, Sicherungssysteme, Software
- *„Wir sind zuverlässig."* – für Serviceunternehmen, Haus-
  haltsgeräte, Maschinen aller Art
- *„Wir machen dich schön und begehrenswert."* – Kosmetik und
  Mode
- *„Wir geben dir Stil."* – Genussmittel, Lifestyle-Produkte
- *„Mit uns erlebst du Abenteuer und Entdeckungen."* – Reisean-
  bieter und Reiseführer

Die Kernaussage kann dabei entweder einen rationalen oder einen
emotionalen Nutzen in den Vordergrund spielen. Emotionale Aussagen zielen direkt auf den Betrachter und fordern ihn zu einem
unmittelbaren Statement auf: *„Will ich wirklich so sein?"* oder *„Das
gefällt mir"* oder *„Ich fühle mich bestätigt"*.

Eine leichte Übung:
Zu welchen Branchen oder Unternehmen passen folgende
Begriffe (Dopplungen sind jederzeit möglich): Freiheit, Jugend,
Präzision, Verständnis, Liebe?

Rationale Aussagen betonen die Information. Sie wollen sachlich
und inhaltlich überzeugen. Redaktionelle Anzeigen und so genannte *Infomercials* bauen explizit auf einer rationalen Argumenta-
tion auf. Die kommunikative Grundschwierigkeit liegt sowohl bei
rationalen als auch bei emotionalen Aussageformen in der Bild-
und Sprachübersättigung der Zielgruppen. Die Rezipienten sind
einfach zu vielen kommunikativen Reizen ausgesetzt, als dass ein
einzelner noch durchschlagende Wirkung haben könnte.

Wie lässt sich diesem kommunikativen Overload professionell be-
gegnen? Ein reales Szenarium: Alle Zielgruppen sind mehr oder
weniger saturiert, die Verbraucher kritisch und außerordentlich
preissensibel, das Konsumklima insgesamt destabilisiert. Mögliche Wege aus dieser prekären Rahmenbedingungen sind Glaubwürdigkeit auf der einen, pathetische oder ironische Übertreibung
auf der anderen Seite. Rückbesinnung auf die Qualitäten des Produktes oder aber fantasievolle Überhöhung des Markenkerns. Für
letzteres stehen die überaus aufmerksamkeitsstarken Kampagnen
von *Saturn* und *Mediamarkt*. Offensiv in der Preiskommunikation,
bedienen sie eine bewusst an das Unterhaltungsfernsehen ange-
lehnte Tonalität.

2.1.2   Bedeutung des Briefings

Stellen Sie sich vor, jemand bestellt einen Handwerker zu sich in
die Wohnung mit der Vorgabe, ihr einen rundum neuen Anstrich
zu geben. Doch auf die Frage, wie die Wohnung am Ende eigentlich aussehen soll, zuckt der Auftraggeber bloß mit den Achseln
und meint, das müsse der Handwerker schon selbst wissen, denn
dafür werde er ja schließlich beauftragt.

In dieser sonderbar unbehaglichen Situation einer nebulösen Aufgabenstellung befinden sich Agenturen und Texter nur allzu oft. Genau dann nämlich, wenn der Auftraggeber kein oder nur ein in sich widersprüchliches Briefing gibt.

Das Briefing ist so etwas wie die konkret gefasste kommunikative Auftragsbeschreibung – die verlässliche Grundlage und Zielangabe aller aus ihr abgeleiteten kommunikativen Leistungen. Je präziser das Briefing, desto exakter kann auch der Texter arbeiten. Denn erst mit dem Briefing hat er einen konkreten und verbindlichen Anforderungskatalog zur Hand, nach dem alle konzeptionellen, sprachlichen und grafischen Anstrengungen ausgerichtet werden. Das Briefing ist die unabdingbare Voraussetzung erfolgreicher kreativer Arbeit. Denn der Inhalt des Briefings ist die einzige verbindliche Maßgabe für die werbliche Dienstleistung, bevor sie den Markt erreicht.

Insofern kann eine Leistung, die „off-briefing" liegt, zwar am Markt brillieren, aber es wird verhältnismäßig schwer für die Agentur, eine solche Idee überhaupt durchzusetzen. Umgekehrt kann eine Agentur sich stets auf das Briefing und seine Erfüllung berufen – sofern auch dem Auftraggeber dessen Verbindlichkeit bewusst ist.

▶ **Als Texter ist man gut beraten, auf ein Briefing als Arbeitsgrundlage förmlich zu bestehen.**

Ansonsten fehlt jede Richtungsangabe für ein sicheres und zielorientiertes Arbeiten. Aber was zeichnet überhaupt ein gutes Briefing aus, damit es funktional eingesetzt werden kann?

Bestandteile des Briefings sind:

- Werbeziel: Was soll erreicht werden?
- Angabe der Zielgruppe: Mit wem wird kommuniziert?
- Formulierung der Kernaussage: Was soll bei der Zielgruppe ankommen?
- Formulierung des „Reason Why": Wie kann die Kernaussage begründet werden?
- Tonalität: Wie soll kommuniziert werden?
- Budget: Welche finanziellen Mittel stehen zur Verfügung?

- Mögliche Mediavorgaben: In welchem Medium (Print, Outdoor, TV, Kino, Funk, online) soll geworben werden?
- Timing: Vorgabe des zeitlichen Rahmens.

Diese Angaben sollten vom Auftraggeber geliefert oder in enger Zusammenarbeit mit der Agentur erarbeitet werden. Insbesondere sind die Kernaussage, die Tonalität und die Zielgruppen von besonderer Bedeutung. Sie umreißen das Was, Wie und Wer der Kommunikation – ohne sie geht gar nichts.

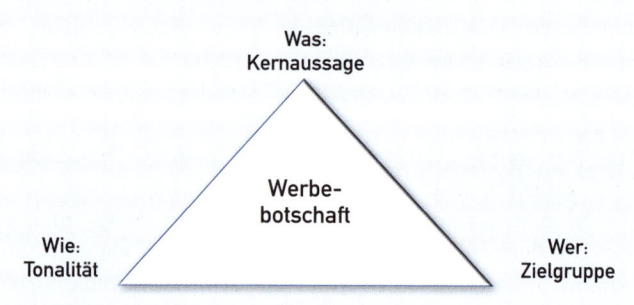

Das Briefing ist die Basis für die kreative Arbeit

Doch damit fangen die Schwierigkeiten schon an. Hybrides Kaufverhalten, polyvalente Selbstdefinitionen der Zielgruppe und eine zunehmende Heterogenität aller Marktteilnehmer erschweren die präzise Erfassung der realen Situation.

Aussagen zur Tonalität wie „dynamisch", „optimistisch", „weltoffen" sind zunehmend sinnentleert, wenn man bedenkt, welche Werbung diese Attribute nicht für sich in Anspruch nimmt. Und die werbliche Traumzielgruppe der konsumfreudigen 25- bis 49-Jährigen bietet in sich ein derart disparates Bild an Lebensentwürfen, Wertvorstellungen und Konsumgewohnheiten, dass von einer einheitlichen Ansprache schlechterdings nicht mehr die Rede sein kann.

Als Texter ist man also gut beraten, die Bedeutung und nicht den Wortlaut des Briefings zu erfassen. Was nichtssagend ist, weil es keine wirkliche Substanz mehr birgt, bleibt es auch, nachdem man es zum hundertsten Mal geistig hin und her gewendet hat. Ein gutes Briefing stützt sich daher nicht auf Worthülsen, sondern beruht auf substanziellen Marktkenntnissen.

Wie für eigentlich alles in der Werbung gilt auch für das Briefing:

➤ **Je pointierter, reduzierter und komprimierter, desto besser und brauchbarer. Jedes Briefing – so komplex es auch sein mag – passt problemlos auf ein DIN-A4-Blatt.**

Die Fähigkeit zur Kürze setzt allerdings den Mut zur Prägnanz voraus. Was irrelevant oder irreführend erscheint, hat im Briefing nichts verloren. Das Briefing ist, wie die textliche Leistung, die es einfordert, das Ergebnis eines disziplinierten geistigen Selektionsprozesses.

Die Zielgruppe 2.1.3

Der Schlüssel zum gelungenen Text liegt in der Zielgruppe: *„Ich muss wissen, mit wem ich spreche, damit der andere mich überhaupt versteht."* Als Menschen des westlichen Kulturkreises sprechen wir nicht nur unterschiedliche Soziolekte, sondern sind auch auf den unterschiedlichsten Ebenen ansprechbar – emotional und rational.

Geht es um Prestige oder um Understatement, um Sicherheit oder um die Freude am kalkulierten Risiko, um Ordnung oder lustvolles Chaos, um Provokation oder gepflegten Konformismus? All diese rein motivationalen Fragen finden ihre Antwort ausschließlich in der Zielgruppe. Aber wer ist das überhaupt, die Zielgruppe? Und warum ist sie für den Text von solch überragender Bedeutung?

Strukturell betrachtet ist der Texter nichts anderes als ein Mensch, der (aus professionellen Gründen) in Dialog mit einem anderen Menschen (einem potenziellen Marktteilnehmer) treten möchte. Und hierfür benötigt er eine klare Vorstellung von seinem Kommunikationspartner. Kein noch so detailliertes Briefing kann die relevante Zielgruppe so plastisch und anschaulich machen wie der persönliche Kontakt mit einem oder mehreren ihrer Repräsentanten. Und als Texter ist man auf Anschaulichkeit angewiesen! *„Mache dir selbst ein Bild deiner Zielgruppe – umso besser kannst du sie porträtieren."*

Das setzt allerdings eine gewisse Kontaktfreude, eine unstillbare Neugierde und ein echtes menschliches Interesse voraus. Wie sonst könnte der Texter herausfinden, was in den Köpfen der Zielgruppe vor sich geht?

Für den Texter konkretisiert sich die Zielgruppe in einer ganz bestimmten Person – sie gilt es zu erkennen, zu ergründen und darzustellen.

Mit anderen Worten: Die Zielgruppe bleibt eine rein abstrakte Größe, ehe man sie nicht persönlich und individuell in Augenschein genommen hat.

Das Gute ist: Wir sind immer und überall von variablen Zielgruppen umgeben. In der U-Bahn, in Cafés, auf Partys, bei geschäftlichen Besprechungen und nicht zuletzt morgens allein im Badezimmer ... stets und überall steht der Texter den potenziellen Adressaten seiner Botschaften gegenüber, kann er sich unauffällig unter sie mischen und ihre Motive erforschen.

Allerdings sind die Zeiten homogener Zielgruppen längst vorbei. Die Vielzahl möglicher Lebensentwürfe und Lebensweisen, die Mannigfaltigkeit divergenter Weltbilder und Wertemuster machen es zunehmend schwierig, die Zielgruppen anders als ökonomisch zu umschreiben. *„Alle Haushalte mit einem durchschnittlichen Netto-Einkommen von monatlich 2.800 Euro"* mag zwar eine wirtschaftliche Größe sein – anregend oder gar inspirierend ist sie nicht.

Interessant wird es erst dann, wenn man ganz konkrete Anschauungsbeispiele findet. Die besten Werbetexte entstehen in der direkten Anschauung – wenn man einen bestimmten individuellen Betrachter klar vor Augen hat. Denn vergessen Sie nie: Werbetexte sind stets intentional verfasst, sie setzen den Leser stets voraus. Nur so können sie überhaupt relevante Aussagen treffen.

Der Werbetext, in gewissem Sinne ein Produkt der Massenkommunikation, ist in seiner Wahrnehmungsweise für eine einzelne Person bestimmt. Er wird also stets individuell, nicht kollektiv rezipiert.

Die formale Kunst des Textens besteht darin, aus der abstrakten Angabe der Zielgruppe eine individuelle Größe abzuleiten und mit ihr in einen Dialog zu treten.

Jeder Werbetext, auch wenn er ein Millionenpublikum erreicht, ist *„for your eyes only"* gemacht. Das Kollektiv, soziologisch eine feste Größe, ist für die Werbung nicht vorhanden. Es geht um Individualisierungsmuster, nicht um Schulterschlüsse. Das gilt übrigens medienübergreifend und insbesondere für die Online-Kommunikation.

Das Profil der Zielgruppe

Zur Profilierung und Identifikation der Zielgruppe stehen verschiedene Bewertungs- und Ordnungsmuster zur Verfügung: soziologische, demografische, geschlechtsspezifische, psychologische etc.

Sie alle verbindet die Frage nach der Kaufmotivation: Was bewegt Individuen, ein bestimmtes Produkt zu erwerben und ein anderes nicht?

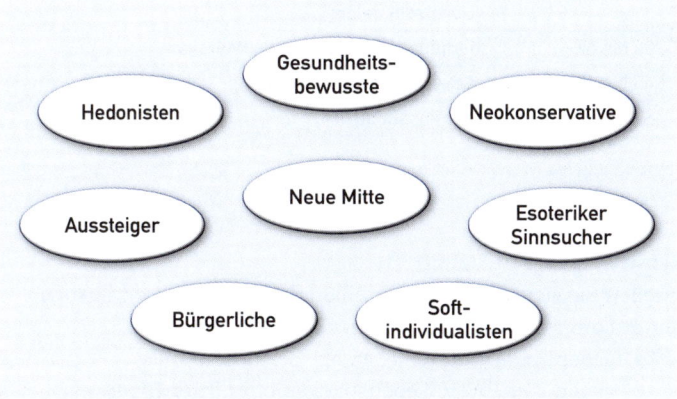

Trendmodell: Selbstbild der Zielgruppe und sein Spiegel im Konsum

Diese Frage nach dem „Aspirational Value" eines Produktes oder einer Dienstleistung ist nicht zwingend an das Einkommen gekoppelt.

Dennoch gibt es einen unabweisbaren Zusammenhang zwischen sozialem Status und spezifischen Werthaltungen – diese zu kennen, sie zu analysieren und kalkuliert zu bedienen, ist die hohe Schule professioneller Kommunikation.

Nur in der unmerklichen Manipulation fühlt sich der Konsument in seinem Kaufverhalten bestätigt, entwickelt Markenbewusstsein und verlässliche Konsumgewohnheiten.

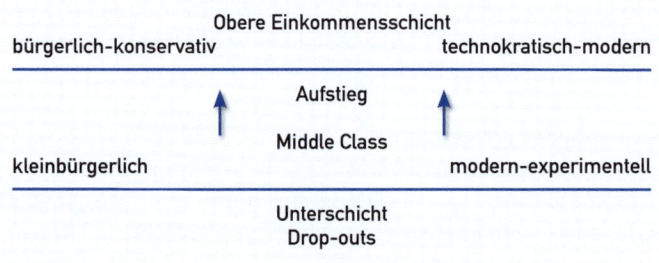

Soziologisches Modell: Status und Einkommen

7 bis 19	Schule und Ausbildung
19 bis 30	Selbstfindung, Reife, Studium Berufseinsteiger
30 bis 45	Familienphase, Karriere, Wellness
45 bis 65	Silver Customer, Anti-Aging
65 plus	Lebensabend

Demografisches Modell: Alter und Lebensphasen

Übung

Für wen ist was bestimmt?
Stellen Sie sich vor, Sie beschreiben den wunderbaren Geruch einer Sommerwiese nach einem Gewitter
- gegenüber Ihren Kollegen als Urlaubserlebnis,
- gegenüber Ihrem Lebenspartner oder Ihrer Lebenspartnerin als Naturerlebnis.

Sie werden für ein und dasselbe Phänomen völlig unterschiedliche Worte und Umschreibungen finden.

Namensfindung und Claim

Die kürzeste Wortfolge in der Werbung ist zugleich ihre wirkungsvollste Waffe: der Name und der Claim.

Erst der Name macht ein Produkt und eine Marke sprachlich unverwechselbar. Der Name besitzt dabei eine fast magische Bedeutung: Denn nur was wir benennen können, wollen wir auch besitzen.

In diesem Sinne muss der Name
- leicht merkfähig,
- eingängig, einleuchtend und
- zugleich prägnant sein.

Darüber hinaus sollte ein Bezug zu Unternehmen, Produkt und Leistung bestehen. Der Name bezeugt die sprachliche und damit die reale Existenz des Unternehmens oder seines Produktes. Die wirtschaftlichen Pionierjahre, bei denen das Unternehmen wie selbstverständlich den Namen seines stolzen Gründers trug, sind längst Geschichte. Erfolgreiche Companies tragen einen Namen, der weit eher auf das Tätigkeitsfeld als auf die dahinter stehenden Persönlichkeiten schließen lässt.

AOL (American Online), *Microsoft, VOX, RTL* (Radio Télévision Luxembourg), *Apple* und *Oracle* sind nur einige Beispiele dieses Trends in der Namensfindung, der sich über die letzten zwei Jahrzehnte erstreckt.

Die Namensfindung, weit weniger spektakulär als eine groß angelegte Kampagne, ist dennoch so etwas wie die geheime Königsdisziplin des Textens. Mit einem einzigen Wort wird ein Begriff geprägt, der weitaus dauerhafter ist als die ihm folgenden Werbekampagnen.

Die Namensfindung gehört ganz offensichtlich zu den langfristigen kommunikativen Entscheidungen. Dem Unternehmen geht es dabei wie einem lebenden Menschen: den eigenen Namen ändert man so gut wie nie und wenn doch, so nur mit triftigem oder gar existentiellen Grund.

Der Claim (kurz, bündig, prägnant) umreißt die Positionierung der Marke. Für welche Inhalte steht sie, welche Werte werden von ihr vertreten, welches ist ihr Programm und ihre Story? Der Claim ist so etwas wie die sprachliche Essenz des Unternehmens, seiner Dienstleistungen und Produkte.

Dabei kann der Claim auch eine echte unternehmerische Vision formulieren. *„Das Auto"* für Volkswagen umschreibt den globalen Anspruch des Unternehmens.

Die Mindestanforderung an den gelungenen Claim ist die inhaltliche Vermittlung eines glaubhaften und markenrelevanten Versprechens an die jeweiligen Zielgruppen.

Dabei kann das Produkt- oder Markenversprechen auch einfach eine Kampfansage an die Konkurrenz sein. Die werbliche Funktion des Claims besteht darin, das Produkt- und Markenversprechen transparent und öffentlich zu machen. Er ist das zentrale Statement, das ein Unternehmen überhaupt für sich und seine Produkte treffen kann: *„We try harder"* (AVIS), *„We keep your promises"* (WHL) oder auch *„Die zarteste Versuchung, seit es Schokolade gibt"* (Milka/Suchard) sind im Kern Qualitätsaussagen, deren Wahrheitsgehalt prinzipiell nachprüfbar ist.

Damit ist ein überaus sensibler Punkt angesprochen – die Wahrhaftigkeit der Aussage. Kein Unternehmen kann es sich leisten, haltlose Qualitäts- und Leistungsversprechen abzugeben, die der Verbraucher leicht auf die Probe stellen kann.

Ein guter Claim ist also stets verifizierbar – ohne dabei an sprachlicher Wucht zu verlieren. Der Claim ist immer selbsterklärend – er bringt die unternehmerische Aussage affirmativ und prägnant auf den Punkt: *„Da weiß man, was man hat."* (Persil/Henkel), *„Mehr als gewohnt"* (Berliner Wohnungsunternehmen). Die Entscheidung eines Unternehmens für (oder gegen) einen neuen Claim ist mittel- und langfristig motiviert.

Die Kampagnen mögen wechseln, aber die Kernaussage des Unternehmens bleibt bestehen. Substanz entscheidet und nicht das Unstete der Trends.

Konzeptionelle Umsetzungen 2.2

Text-Bild-Spannungen 2.2.1

Die Ästhetik der Werbung ist ein Kulturphänomen der besonderen Art. Sie ist die einzige Kommunikationsdisziplin, die systematisch und seit jeher mit Wort und Bild zugleich arbeitet. Eine bis heute progressive Methode, die eine völlig neue Ausdrucksform erschaffen hat. Bildmotiv und Headline, genauer gesagt ihr Spannungsverhältnis zueinander, formen zusammen den kommunikativen Kern der Botschaft. Sie ist der eigentliche Informationsträger. Anders gesagt:

▶ **Für die Werbung sind das Bild und das Wort allein weit weniger wichtig als ihr Zusammenschmelzen in einer neuen expressiven Form als Botschaft.**

Werbung ist holistisch von Anfang an und primär an vermittelbaren Inhalten interessiert. Entsprechend pragmatisch ist sie in ihrer Methode. Dabei entstehen völlig neue Spannungsbögen zwischen Wort und Bild.

Diese Spannungsverhältnisse, gewissermaßen die Würze werblicher Kommunikation, entstehen durch Kontrastierung der einzelnen semantischen Bausteine von Sprache und Bild. Der Werbetext selbst, als Headline, Copy oder Konzeptaussage, bezieht sich stets auf ein bildhaftes Pendant. Anders gesagt: Jeder Text bedarf der Gestaltung. Headlines, wie der werbliche Text überhaupt, sind niemals eigenständig funktionierende Aussagen. Stets werden sie ergänzt durch Bilder, die ihre Aussage stützen, stärken oder überhaupt erst verständlich machen. Je klarer die Textaussage ist, desto prägnanter fällt auch die Bildaussage aus. Denn erst dann hat sie einen sprachlichen Anker.

Oftmals ist das Bild dabei nichts anderes als eine atmosphärisch verdichtete, visuelle Interpretation der Kernaussage, die durch die Headline getroffen wurde. Diese bildhafte Interpretation des Gesagten, die zum Gemeinten hinführt, kann überraschend, brillant, direkt oder verschlüsselt sein. Die Auflösung der Aussage erfolgt jedoch nicht in Form eines Rätsels, sondern als eine einfache und schnell erfassbare Kombination. Nur die verschwindend geringe Minderheit der Kommunikationsfachleute nimmt sich wirklich die Zeit, Werbung aufmerksam, geduldig und mit geschultem Blick zu verfolgen. Für alle anderen Menschen haben die Werbung und ihre Aussagen bestenfalls den Status einer Vorabendserie: *„Schön, wenn man sie sieht, doch wenn nicht, so hat man eigentlich auch nichts verpasst."*

Während des Schreibprozesses ermisst sich das Potenzial der textlichen Aussage an ihrer assoziativen Breite. Wenn an der Headline nichts „dran ist" (weil sie z.B. flach und ideenlos ist), fällt es auch schwer, eine ihr entsprechende Bildidee zu finden. In diesem Fall ist es besser, die Headline zu verwerfen.

 Gute Headlines bergen stets ein beträchtliches Bildpotenzial.

Aussagen wie *„Ich bin doch nicht blöd"* oder *„Immer eine gute Suppe"* oder *„Leben Sie. Wir kümmern uns um die Details"* sind eben nicht nur extrem merkfähig. Sie stoßen zugleich die Tür zu starken und emotional gefärbten Bilderwelten auf. Wenn Sie einmal die Anzeigen in einer einzigen Ausgabe einer beliebigen Wochenzeitschrift aufmerksam verfolgen, werden Sie feststellen, dass über 80 Prozent aller Bildideen und Gestaltungsmuster nichts anderes darstellen als die Übersetzung der Textaussage in eine visuelle Botschaft. Allein schon die Übertragung der Aussage vom sprachlichen zum visuellen Medium führt zu einem inhaltlichen Spannungsverhältnis, das aus der visuellen Verfremdung erwächst. Eine Aussage, die sprachlich und visuell getroffen wird, ist durch die mediale Dopplung eine stärkere Aussage, als wenn sie nur sprachlich oder visuell getroffen wird.

Allerdings kann die stärkste Headline durch ein mittelmäßiges Layout ihrer Wucht beraubt werden. Umgekehrt jedoch kann eine brillante grafische Exekution eine langweilige oder irrelevante Textaussage niemals stärker machen – das Ergebnis ist dann eben ein gefälliges, aber inhaltsleeres Bild.

Spätestens jetzt wird klar, wie unerlässlich eine klare, starke und unmissverständliche Textaussage ist:

▶ **Die Textaussage ist die Basis für die grafische Umsetzung, die mindestens ebenso klar, stark und unmissverständlich mit dem Betrachter kommuniziert.**

Gleichwohl wäre nichts fataler, als sich an Worte allein zu klammern. In der Werbung geht es stets um Aussagen. Die beworbenen Produkte selbst – seien es Autos, Kleidung oder Güter des täglichen Bedarfs – sind ja nichts anderes als Symbole für ihren Besitzer. Jedes Produkt besitzt eine Aussage. Und das wiederum bedeutet für den Text: Die Sprache der Werbung hat sich dem Inhalt zu beugen.

Aussagen und Botschaften lassen sich grundsätzlich auch nonverbal kommunizieren. Anzeigen, insbesondere für Schönheitsprodukte und Mode, können durchaus ohne Text auskommen. Aber niemals ohne Aussage. Reine Bildaussagen sind durch ihre Reduktion aufs Visuelle eine ebenso direkte wie elegante Möglichkeit, ein für die Zielgruppe relevantes Statement zu treffen. Die reine Bildaussage setzt stets Markenbekanntheit voraus. Das Bild arbeitet jedoch niemals voraussetzungslos. Es ist bereits eingebettet in bestimmte Wahrnehmungsmuster und Erwartungshaltungen seitens der Zielgruppe. Die schöne Oberfläche allein bleibt kommunikativ unbefriedigend. Auch das Bild muss Bedeutungsträger sein. Welche Bedeutung es dabei trägt oder tragen soll, ist wiederum eine konzeptionelle, also rational begründbare Entscheidung.

Als Faustregel für die Evaluierung von werblichen Aussagen gilt:

> **Jede Textaussage lässt sich visualisieren. Jede Bildaussage lässt sich verbalisieren.**

Die Macht der Bilder ist in Wahrheit die Macht der Aussage. Das Werbemotiv, eingefasst in das Spannungsfeld von Bild und Sprache, fordert den Betrachter zu einer Reaktion, einem Statement heraus. Wer dieses Statement trifft – sei es affirmativ oder ablehnend – ist bereits dem kommunikativen Kalkül unterlegen. Schon der antike Rhetor Quintilian wusste: *„Wer die Macht über die Bilder hat, hat die Macht über die Menschen."*

Übung	**Wie Sie einen Werbetext beurteilen können:**

- Hat die Headline eine produkt- bzw. markenrelevante Aussage?
- Ist die Botschaft schnell, leicht und unmittelbar verständlich?
- Wird explizit, direkt und schnörkellos kommuniziert?
- Fühlt sich die Zielgruppe angesprochen?
- Ist das werbliche Versprechen glaubhaft?
- Wie steht es mit der Authentizität?
  (*„Say what you mean, mean what you say"*)
- Emotionalisiert die Aussage?
- Und: Hat sie das Potenzial, Aufmerksamkeit auf sich zu ziehen?

Geben Sie sich nicht mit weniger zufrieden. Erst wenn Sie für jede der genannten Fragen eine überzeugende Antwort haben, hat der Text wirklich Bestand.

2.2.2   Text und Idee

Ideen sind das Geschäft der Werbung, *the idea business*. Die Idee – zündend, überraschend und nicht zuletzt absatzfördernd – ist genau das, was der Auftraggeber von einer Agentur verlangt. Denn es ist diese systematisierte Fähigkeit, Verkaufsideen zu entwickeln, die überhaupt erst die Existenzberechtigung der Werbung ausmacht. Entwicklung, Produktinnovation und Vertrieb – all dies kann ein Unternehmen eigenständig leisten und lenken. Aber die Kommunikation, die ideelle Umsetzung der Produkte in Botschaften, legt es in die Hände einer Agentur.

Was ist also dran am Agenturverständnis als Ideenfabrik? Und was ist das überhaupt – eine Idee?

David Lynch, Regisseur von Spiel- und Werbefilmen, meint zu dieser Frage: *„Ich sage immer, Ideen sind wie Fische. Die kleinen schwimmen oben, die großen in der Tiefe. Und die ganz großen noch tiefer. Ja, Ideen sind etwas Merkwürdiges, weil sie einem eigentlich gar nicht gehören. Sie existierten irgendwo, tauchten irgendwann in deinem Kopf auf und wurden die deinen, aber davor waren sie es nicht."*

Das große Problem bei der Findung und Evaluierung von Ideen ist ihre Zuordnung. Ist ein Geistesblitz schon eine Idee? Ist eine gefällige Formulierung bereits der Schlüssel zu einer brillanten Strategie? Ist der sprichwörtliche Einfall unter der Dusche schon die Lösung einer Kommunikationsaufgabe? *„Der Buchstabe tötet, aber der Geist macht lebendig"* – diese Worte von einem der erfolgreichsten Unternehmer der Industriegeschichte, Robert Bosch, sollten jeden Texter nachdenklich stimmen.

 Kommt es auf Worte oder auf den dahinter liegenden Gedanken an? Definitiv auf den Gedanken!

Jede Werbeagentur, die aufgrund ihres ureigenen Geschäftsfeldes auf die Produktion und Realisation von Ideen angewiesen ist, sollte alles daran setzen, ein ideenfreundliches Klima zu schaffen. Und das heißt: keine Zensur, ein offenes Verhältnis und einer freier Fluss von Informationen.

Natürlich gibt es auch systematisierte Techniken der Ideenfindung. Hierzu gehören Brainstormings und das Erstellen von Mindmaps. Auffallend ist, dass die besten Ideen nicht am Schreibtisch, sondern außerhalb des Arbeitsumfeldes entstehen.

 Ideen lieben die Freiheit.

Das Dilemma der Agenturen bei der Ideenentwicklung ist ihre druckvolle Umsetzung *just in time*. Es genügt eben nicht, einen kampagnenfähigen Einfall schlechthin zu haben – die geistige Leistung muss bis zum jeweiligen Präsentationstermin erbracht worden sein. Der Wettlauf um die beste Idee ist immer ein Wettlauf mit der Zeit. Und somit kämpfen alle, die um eine Idee ringen, an zwei Fronten.

Extremer Zeit- und Leistungsdruck sind, wie man sich vorstellen kann, nicht eben förderlich für eine kontemplative Ideenfindung. Aber: Erhöhter Druck im Kessel hebt die Betriebstemperatur.

Die Frage, ob es einen Königsweg der Ideenfindung gebe, lässt sich klar verneinen. Tatsache ist, dass sich die Idee niemals von dem Kopf, der sie sich ausdenkt, trennen lässt. Und hier gibt es offensichtlich beträchtliche Unterschiede! Einfallsreichtum, Brillanz und der Mut zu unkonventionellen Lösungsansätzen lassen sich nicht einfordern. Immerhin gibt es Indikatoren, die eine schwache Idee von einer starken unterscheiden:

Craig Frazier, ein zeitgenössischer Designer, bemerkt zu diesem Themenfeld: *„Unbehagen und Irritation sind Zeichen für ein ungewöhnliches Konzept. Wenn ich mit einem Konzept oder einer Idee vollkommen einverstanden bin, so habe ich sie wahrscheinlich schon irgendwo anders gesehen. Unbehagen ist geradezu die Voraussetzung für eine großartige Idee.“*

Worte allein reichen nicht für den professionellen Texter. Jedes Wort sollte auf einer echten Idee fußen. Starke Aussagen, eingängige Headlines bestechen eben nicht allein durch die Macht der Worte, sondern noch mehr durch den Charme der dahinter liegenden sichtbaren Gedanken:

Es sind die Ideen, die verführen und nicht die sprachliche Ausdrucksform, so ausgefeilt sie auch immer sein mag.

„Ideas“, so heißt es bei *Saatchi & Saatchi*, *„are the currency of the future.“*

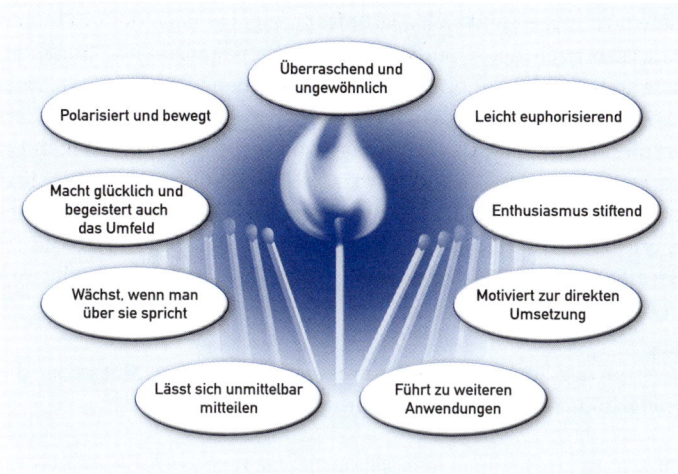

Subjektive Erkennungsmerkmale einer werblichen Idee

Werbestil und Tonalität 2.2.3

Stil ist Aussage; das gilt auch für die Werbung. Aber welcher Stil ist damit gemeint? Jean Cocteau bemerkte, dass man Stil an der Abwesenheit aller anderen Stilarten erkenne. Jeder werbliche Stil zeichnet sich durch Konsequenz und Reduktion aus – und birgt allein dadurch schon ein inhaltliches Statement. *„So und nicht anders"* – dieser rein formal-stilistischen Aussage geht der inhaltliche Findungs- und Selektionsprozess voraus. All das, was irrelevant, redundant oder der Zielgruppe nicht angemessen erscheint, wird eliminiert. Jeder Stil ist bewusst – ein Artefakt, geschliffen und vollkommen künstlich. Zugleich aber muss er wie selbstverständlich, leicht und natürlich wirken. Das Aufgesetzte, Gestelzte und bloß Gewollte sind das direkte Gegenteil überzeugter und überzeugender Authentizität.

Stil ist immer das Ergebnis eines klaren Willens zur Form. Jede Form birgt eine spezifische Aussage. Das gilt ganz besonders für die Werbung, deren hauptsächliches Anliegen es ist, relevante Aussagen gegenüber variablen Zielgruppen zu treffen. Bei jeder werblichen Aussage stellt sich also sofort die Frage nach dem richtigen Stil, also nach der produkt- und zielgruppenadäquaten Tonalität. Wie soll die Zielgruppe angesprochen werden? Welches Verhältnis zwischen der Kommunikation und ihrem Empfänger soll etabliert werden? Soll die werbliche Aussage anregend sein, seriös, political correct – oder doch lieber provokativ? Die Festlegung der Tonalität ist integraler Bestandteil jeder werblichen Konzeption. Sie definiert die Form der Ansprache gegenüber der Zielgruppe und ist damit von derselben kommunikativen Valenz wie die Festlegung der werblichen Inhalte.

In der Tonalität einer Kampagne oder eines Motivs ist die Zielgruppe immer schon mitenthalten.

Durch die werbliche Ansprache sollen sich ausgewählte Zielgruppen und soziologische Cluster angesprochen fühlen: Die tonality macht die Musik. Stil und Tonalität sind eine verbindliche Festlegung. Die Tonalität ist, weil untrennbar mit der Zielgruppe verbunden, der Schlüssel der Kommunikation. Sie ist von höchster Relevanz für Produkt, Marke, Markt und Abnehmerkreis.

Es gibt einen engen, ja unlösbaren Zusammenhang zwischen der Tonalität der Kommunikation und dem Image des Produktes. Denn der Markenkern selbst, mit seinen klar definierten Wertbildern und Wertmustern, lässt sich nur in einer spezifischen Tonalität ausdrücken. Jede Tonalität birgt in sich eine konkrete Aussage, ein artikulierbares Versprechen, einen bewussten Stil. Die Information selbst lässt sich nicht von dem Stil, mit dem sie vorgetragen wird, isolieren.

Stil heißt immer: Beschränkung, Konsequenz, Disziplin, Geschmack – übrigens auch schlechter! Große Handelsketten wie *Lidl, Saturn* oder *Mediamarkt* sind in ihrer Kommunikation gewiss kein Beispiel verfeinerten Geschmacks. Aber das ist auch gar nicht vonnöten. In der breiten, konsequent vorgetragenen Ansprache, sind Aggressivität und ein tüchtiger Schuss Vulgarität kommunikative Erfolgsfaktoren.

So wirbt ein Berliner Bestattungsunternehmen mit der Aussage: *„Es ist nicht pietätlos, bei einem Begräbnis den Preis zu vergleichen."* Hammerhart, aber gewiss nicht wirkungslos!

Die Tonalität ist also stets eine einzige Tonalität, kein Kompromiss, sondern unverwechselbar und ungetrübt von störenden Zwischentönen. Das wiederum setzt voraus, dass man den Mut hat, sich offen und risikobereit zu Aussagen, Inhalten, Werten zu bekennen – und mithin auch Grenzen zu setzen.

Jeder Werbestil, jede Tonalität ist zugleich ein Ausschlusskriterium.

Dieser Mut wird jedoch auch belohnt – im besten Fall mit einer kommunikativen Alleinstellung. Denn Stil und Tonalität sind kommunikative Alleinstellungsmerkmale mit Leuchtturmfunktion. Über sie gelingt es, jenes Profil und jene Marktpositionierung zu entwickeln und zu festigen, die über das Produkt oder die Dienstleistung selbst nicht zu erzielen sind. Produkte, Marken, Bilder erscheinen nicht nur anders, *sie sind anders,* je nachdem, in welcher kommunikativen Stilart sie präsentiert werden. Selbst identische Aussagen lassen sich vollkommen anders kommunizieren. Dennoch muss man sich für einen Weg, für eine kommunikative Tonart entscheiden und diese auch durchhalten – denn nur so wird die Aussage unverwechselbar und stark. Hier sind Entschlussfreudigkeit und Konsequenz des Texters gefragt.

Stil als Ausdrucksphänomen

Tonalität und Stil des Werbetextes sind auch als Epochengleichnis fassbar – Ausdruck ästhetischer, ideologischer, technischer und sozialer Tendenzen der Zeit. Gleiches gilt für Grafik und Gestaltung.

Während manche Produkte und Marken sich als Objekte gleich bleiben, verändert sich ihre Darstellung – und damit auch ihre Wahrnehmung durch den Konsumenten. Ob Krieg oder Frieden herrscht, welche Mode gerade dominiert, aktuelle medizinische Erkenntnisse, die jüngsten Stars des Kinos oder des Musikgeschäftes – sie alle finden ihren zeitgebundenen Niederschlag in der Werbung.

Damit wäre auch der Werbetext nichts anderes als ein Indikator gesellschaftlicher, kultureller und ästhetischer Trends. In ihm schlägt sich der jeweilige Zeitgeist nieder: gesellschaftliche Debatten, wissenschaftliche Erkenntnisse, der Wandel der Werte, religiöse oder ideologische Tabus beziehungsweise die spielerische Lust an ihrer Übertretung.

Wo Werbung gewollt provoziert und polarisiert, entfaltet sie ihr größtes kommunikatives Potenzial.

Der Werbetext erzählt also nicht nur etwas über das Produkt. Er erzählt noch viel mehr über die Zeit, an die er gebunden ist: ist sie libertinistisch oder puritanisch, provokant oder political correct? Je assoziativer und beziehungsreicher Text, Bild und Werbung sind, desto wirkungsmächtiger und erinnerungswürdiger sind sie.

2.2.4 Texten ist Teamwork

Nichts wäre fataler als die Auffassung, Texte zu verfassen sei Solistenwerk und Ideenfindung die ausschließliche Domäne der so genannten Kreativen. Wenn das Wort Teamwork als Beschreibung von Arbeitsprozessen überhaupt Bestand hat, so ganz gewiss in der Werbung.

Der Texter ist ziemlich aufgeschmissen ohne einen ebenbürtigen Sparringspartner – sei es ein Grafiker, ein Berater oder ein Stratege. Kommunikation ist immer ein arbeitsteiliger Prozess. Das beginnt schon bei der Ideenfindung und endet mit der Produktion. Das Business der Kommunikation ist selbst kommunikativ – eine Idee hat keinen persönlichen Absender. Sie beginnt zu leben, wenn sie sich mitteilt, verbreitet, Wellen schlägt und sich dabei ständig verwandelt.

Der Text allein hat stets nur Anteil, wenn auch zentralen – doch erst mit der visuellen Umsetzung werden Idee, Text und Bild zu einer darstellbaren Gesamtheit.

Als Texter sitzt man stets im Boot mit anderen. Und ist auf deren Input genauso angewiesen wie jene auf den des Texters. Paradox gesprochen: Das Formulieren und Artikulieren ist ein einsames Geschäft; aber erst wenn das Formulierte und Artikulierte auf die Kritik des anderen stößt, wird es wirklich lebendig. Aus diesem lebhaften und offenen Austausch zieht der Werbetext seine Facetten, Impulse und sein Optimierungspotenzial. Und nichts ist dabei störender und dem Ergebnis abträglicher als das eitle Beharren auf der eigenen Idee. Bis zur letzten Minute vor einer Präsentation ist – im Prinzip – noch alles offen.

Der Text wirkt nie für sich allein

- Nur die klar definierte konzeptionelle Kernaussage transportiert das konkrete Produkt- und Markenversprechen. Die Kernaussage ist unabdingbare Grundlage für die Arbeit des Texters.

- Je präziser das Briefing, desto punktgenauer die kreative Leistung.

- Für den Texter konkretisiert sich die Zielgruppe in einer ganz bestimmten Person – sie gilt es zu erkennen, zu ergründen und darzustellen.

- Erst der Name macht ein Produkt und eine Marke sprachlich unverwechselbar.

- Die werbliche Funktion des Claims besteht darin, das Produkt- und Markenversprechen transparent und öffentlich zu machen. Er ist das zentrale Statement, das ein Unternehmen für sich und seine Produkte trifft.

- Ein Text wirkt niemals isoliert für sich: Jeder Text bedarf der Gestaltung.

- Die Botschaft wird von Text und Bild gleichermaßen übermittelt. Dabei ist das Bild nichts anderes als eine atmosphärisch verdichtete, visuelle Interpretation der Kernaussage, die durch die Headline getroffen wurde.

- Gute Headlines bergen stets ein beträchtliches Bildpotenzial in sich.

- Jede Textaussage lässt sich visualisieren. Jede Bildaussage lässt sich verbalisieren.

- Der Stil trifft die Zielgruppe und sichert die kommunikative Alleinstellung.

- Als historisch bedingtes Ausdrucksphänomen ist der Werbetext ganz Kind seiner Zeit.

Texten als Beruf

Leidenschaft ist der Antrieb.
Aber nur Disziplin lässt den Motor laufen.

In diesem Kapitel erfahren Sie,

- was es mit den unterschiedlichen Werbeformaten (Anzeige, Plakat, Radiospot, TV-, Kino- und Viralspot) auf sich hat.
- wie Sie die unterschiedlichen Genres der Werbung anwenden und beherrschen können.
- wie eine Imagebroschüre konzeptionell aufgebaut ist.
- dass auch längere Texte durchaus kurzweilig sein können, sofern sie einen gewissen „Lesesog" erzielen.
- warum über alle werblichen Formate hinweg der Grundsatz der Reduktion auf das Wesentliche gilt.
- wie eine 360°-Kampagne strukturell angelegt wird.
- warum Online-Kommunikation nach dem Fernsehen in den 1960er-Jahren die größte mediale Revolution ist, deren Potenzial für das Kommunikationsverhalten noch lange nicht ausgeschöpft ist.

3

Anzeige mit Saisonalcharakter

Anlassbezogene Kommunikationsmaßnahmen für ein neu eröff-
netes Shoppingcenter in Berlin-Mitte. Ziel: Erhöhung der Besu-
cherfrequenz durch ein klassisches, assoziationsstarkes Bild. Die
Erwartungen der Zielgruppen werden durch das bewusst einge-
setzte Klischee bestätigt.

Sales-Kampagne für den Kurfürstendamm

Nach einem harten Winter atmet die Großstadt auf: *„Endlich Frühling!"* Das Motiv greift florale Motive auf und kombiniert sie mit dem Shopping-Symbol der Handtasche. Ziel der Kampagne ist die Lenkung der Aufmerksamkeit auf einen verkaufsoffenen Sonntag. Leichtigkeit und Lebenslust werden sprachlich und visuell kommuniziert.

3.1 | Die Anzeige

Jedes Layout ist das Ergebnis eines gestalterischen Willens. In der Werbung ist dieser Wille sowohl ästhetisch als auch konzeptionell gelenkt und motiviert. In den Worten des Strukturalisten Roland Barthes: *„Jedes Werbebild ist emphatisch."*

Das Werbemotiv trifft ein Statement, explizit oder implizit, es inszeniert und dramatisiert ein Produkt oder eine Marke – wobei dem Text als semantischem Element eine besondere Rolle zukommt. Er ist Bedeutungsträger, während das Bild die Bühne des Gedankens ist. Man kann in Bildern schreiben, aber nicht in Worten gestalten.

Auch wenn die Anzeige in der Regel einen starken Bildanteil hat, so ist ihre Grundlage doch stets gedanklich, mithin sprachgebunden.

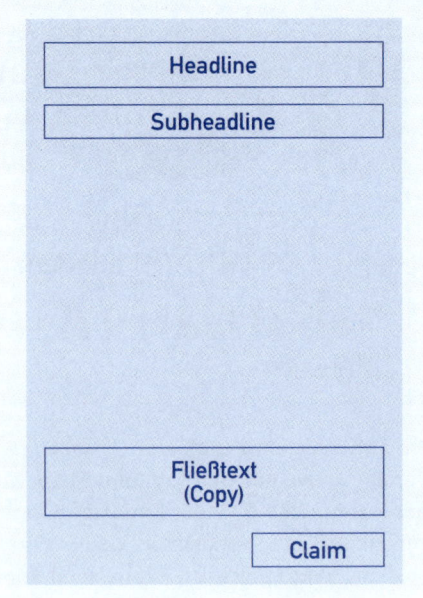

Schematisches Layout der Anzeige

Anzeigen bestehen aus mehreren Textbausteinen: der Headline, Subheadline, dem Fließtext (Copy) sowie dem Claim. Jeder Textbaustein ist durch einen eigenen Stil, eine eigene Funktion und ein spezifisches Ziel gekennzeichnet.

Die Headline

Rein formal betrachtet ist die Headline typographisch hervorgehoben und sticht auf den ersten Blick aus dem Layout hervor. Sie ist (neben der starken Bildaussage) der innere Bedeutungsträger der Anzeige.

Formale Gestaltungsmittel für die Headline sind:

- Farbe
- Schriftart und Schriftgröße
- Positionierung im Layout

Inhaltlich leistet die Headline den Brückenschlag zum Produkt. Sie birgt eine klare Aussage (ohne die sie sonst inhaltsleer wäre), im besten Fall ein Versprechen für den Betrachter. Das Versprechen muss dabei nicht unbedingt explizit ausgesprochen werden, wohl aber sollte es bereits an der Oberfläche mitschwingen. Keinesfalls darf die Headline kryptisch erscheinen. Sie kann irritieren, schillern, Doppeldeutigkeiten aufwerfen und provozieren, doch nie als sprachlicher Selbstzweck.

Die Headline steht immer in einem rein funktionalen Zusammenhang, als Hinführung und Verstärkung der Bildaussage.

Die inhaltliche Aussage

Jede Headline kann nur eine einzige Aussage, ein einziges Versprechen bergen. Die Reduktion auf das Wesentliche geht der textlichen Leistung unmittelbar voraus. Das ist durchaus ein Prozess der gedanklichen Läuterung, bei der relevante Inhalte vom bloßen sprachlichen Ornament getrennt werden.

Die inhaltliche Engführung folgt klar definierten Kriterien. Welche Aussage soll überhaupt getroffen werden? Welche erscheint in den Augen der Zielgruppen als relevant? Ohne diese inhaltliche

Festlegung wäre die Headline wenig mehr als ein Stück Blindtext, eine beliebige Aussage aufs Geratewohl. Erst nach der verbindlichen Festlegung der Aussage beginnt die Arbeit an der Sprache.

Gute Headlines kommen schnell zur Sache, sind vollkommen eindeutig und benennen einen emotionalen oder faktischen Vorteil bzw. Nutzen des Produktes.

Die bekannteste Headline der Werbegeschichte, verfasst Mitte der 1960er-Jahre von David Ogilvy, beschreibt nüchtern und exakt einen klar definierten Produktvorteil: *„At 60 miles an hour the loudest noise in this new Rolls-Royce comes from the electric clock".*

Relevante Werbeaussagen der Headline entstehen aus dem Wechselspiel von Produkteigenschaft (emotional oder faktisch) und der erwarteten Zielgruppenhaltung. Die gelungene Headline ist in einem doppelten Sinne relevant: für das Produkt und für die emotionale Befindlichkeit der Zielgruppe. Über das Produkt allein zu sprechen wäre in der Tat zu wenig. In saturierten Märkten sucht der Verbraucher in erster Linie die Selbstbestätigung – und das Produkt ist lediglich sein Vehikel.

Die einfache Werbeweisheit zu diesem oftmals bemerkten Sachverhalt lautet: *„Du musst die Leute dort abholen, wo sie stehen, um sie dorthin zu bringen, wohin du es möchtest."*

Die Copy (Fließtext)

Eine gute Headline ist mehr als der inhaltliche Einstieg der Anzeige. Sie ebnet den Weg für den meist informativ gehaltenen Fließtext (Copy). Die kommunikativen Aufgaben der Copy sind vertiefende Informationen, technische Angaben, eventuell Nennung einer Kontaktmöglichkeit sowie generell die Steigerung von Interesse und Begehrlichkeit.

Auch für die Copy gilt generell: kurz, knapp, knackig. Der werbliche Trend geht eindeutig zur Verkürzung. Ausführliche Darstellungen bleiben somit mehr und mehr der textlichen Gestaltung von Broschüren sowie dem Online-Texten vorbehalten. Das geänderte Wahrnehmungsverhalten der Zielgruppen aufgrund des permanenten kommunikativen Overloads rechtfertigt nur noch eine bündige werbliche Ansprache. Das gilt in besonderem Maße für die textliche Gestaltung von Plakaten. So wie das Bild muss auch der Text plakativ sein. Je komprimierter die sprachliche Information, desto mehr Impact besitzt sie.

Der Beitrag des Texters bei der Gestaltung von Anzeigen beschränkt sich keineswegs auf die sprachlichen Bausteine. Vielmehr ist er, gleichberechtigt mit dem Art Director, bei der Ideenfindung und der Festlegung der Kernaussage beteiligt. Je eingespielter das Team und je frühzeitiger es in den Prozess der inhaltlich-strategischen Überlegungen eingebunden wird, desto befriedigender ist am Ende das kreative Resultat.

„In your face": Das Plakat   3.2

Eine besondere kommunikative Herausforderung stellen Plakate (18/1, Citylight und Megaposter) dar. Das Medium selbst erlaubt keine vertiefende Produkt- oder Markendarstellung.
Vielmehr geht es in erster Linie um schnelle Erfassbarkeit, die Durchsetzung im unmittelbaren kommunikativen Konkurrenzumfeld sowie die Platzierung einer einzigen und einfachen Botschaft.

Dies alles ist vor dem empirischen Hintergrund zu betrachten, dass die etwaigen Rezipienten (Fußgänger, Fahrad- und Autofahrer) in aller Regel abgelenkt und wenig aufnahmefähig sind. Geschweige denn, dass sie überhaupt geneigt sind, die Werbung und ihre Botschaft aufzunehmen! Die wenigsten Passanten sind auf den Straßen unterwegs, um sich mit Werbebotschaften auseinanderzusetzen! Wir alle sind schlicht und einfach mit Informationen, Sinneseindrücken und Botschaften übersättigt. Die Allgegenwärtigkeit der werblichen Kommunikation richtet sich nunmehr gegen diese selbst.

Denn seien wir ehrlich: Unsere Wahrnehmungsfähigkeit ist, was diese Art der Reizauslösung betrifft, ziemlich abgestumpft. Die erste Hürde, die das Plakat nehmen muss, ist die Hemmschwelle der Wahrnehmung.

Veranstaltungsplakat

Für die Berliner Wohnungsgesellschaft HOWOGE wurde das Veranstaltungsplakat „Eiszauber in Buch" konzipiert, illustriert und gelayoutet. Name, Gestaltung und einzelne grafische Elemente sind winterlich und vorweihnachtlich gehalten. Text- und Bildinformation bilden eine assoziative und atmosphärische Einheit.

Ungewöhnliche Motive für einen ungewöhnlichen Standort

Der Berliner Immobilienmarkt ist durch ein starkes Überangebot gewerblicher Immobilien gekennzeichnet. Umso wichtiger, mit Motiven, die Stereotypien brechen, Aufmerksamkeit für das Immobilienobjekt zu gewinnen.

Bewusste Ansprache der Zielgruppe durch die Verwendung von Schlüsselwörtern *(„Entscheider", „Instinkt")*. Emotionale Aufladung durch Motivwahl und Aussage. Hohe Plakativität durch die Formatwahl (Megaposter direkt am Objekt).

Erschwerend aus Sicht der Medien kommt hinzu, dass wir auf andere Dinge als Plakate achten, wenn wir auf den Straßen unterwegs sind. Unsere Aufmerksamkeit ist also lediglich eine partielle – gleichzeitig achten wir auf den Verkehr, auf Schaufenster, auf andere Passanten, wir unterhalten uns mit einem Begleiter oder sind schlicht in Gedanken verloren. All dies sind denkbar ungünstige Rahmenbedingungen für die Rezeption werblicher Reize; Rahmenbedingungen, die zwar nicht ausgeblendet, aber bisweilen überlistet werden können.

Aufmerksamkeit ist ein kostbares Gut, dessen Verfügbarkeit aufseiten der Zielgruppe rapide sinkt. Längst nicht jedes Plakat wird in seiner inhaltlichen Gesamtheit (Produkt und Angebot, Aussage, Absender und Marke) erfasst. Wenn es aber nicht erfasst wird, so ist es zwar physisch als Objekt vorhanden, doch landet seine Botschaft nicht dort, wo sie hingehört – im Kopf des Betrachters. Ein Plakat, dessen Inhalte nicht schnell, direkt und unmissverständlich mit dem Betrachter kommunizieren, ist ein werblicher Blindgänger. Es zündet nicht – und genau dieses kommunikative Versagen ist der Albtraum jedes Managers im Marketing. Die Gefahr der Wirkungslosigkeit von Kommunikation war noch niemals größer als heute, im Zeitalter des kommunikativen Overkills.

Gute Plakate – gut im technisch-kommunikativen Sinne – sind vor allem eines: laut, deutlich, unübersehbar. Ihre Botschaft muss im ersten Augenblick verstanden werden. Anders gesagt, Plakatwerbung muss brachial und vollkommen reduziert sein. Vier Aspekte sind dabei wesentlich: eine einzige Aussage, ein einziges Versprechen, ein einziges Motiv, ein einziges Logo. Nur in der Reduktion und dadurch in der Erhöhung des kommunikativen Impacts besteht die Chance, wahrgenommen zu werden

Der konzeptionelle Leitgedanke lautet: Ein Plakat ist kein Gemälde, das zu entschlüsseln eine intellektuelle Herausforderung darstellt. Das Plakat ist ein werbliches Exponat, das sich mit einer relevanten Aussage an die Zielgruppen wendet. Um inhaltlich schnell erfasst werden zu können, müssen alle Inhalte und Aussagen direkt und unverstellt kommunizieren. Das Bild darf niemals ein verschlüsseltes sein, oftmals ist es das beworbene Produkt selbst, gemäß dem Grundsatz: *The product is God.*

Stilistisch, ästhetisch und inhaltlich muss das Plakat würdig sein, beachtet zu werden. Denn warum sollten Sie auch nur einen Blick darauf werfen, wenn sich keine für Sie relevante Information darauf befindet? Auch Plakate sollen unterhalten, anregen, Horizonte öffnen und ästhetisch einleuchtend sein. Der Eintritt ins Bewusstsein des Betrachters ist ein Akt der Initiation – die Verbindung zu seiner geistig-emotionalen Welt. Diese situativ neuartige Verbindung löst den Impuls des Schlüsselreizes aus. Um in die Gedankenwelt der Zielgruppe zu gelangen, muss man sich als ihr Verbündeter zu erkennen geben.

Der kommunikative Code des Plakates stammt nicht aus dem beworbenen Produkt, sondern aus der umworbenen Zielgruppe.

Und das wiederum bedeutet, dass die Auseinandersetzung mit der Zielgruppe, ihren Werten, ihrer Ästhetik, ihren Lebensgewohnheiten zum Texten zwingend dazugehört. Der Kampf um die Aufmerksamkeit hat längst begonnen. Zur Erhöhung des kommunikativen Impacts gehen immer mehr Kampagnen dazu über, öffentliche Räume exklusiv zu belegen. Etwa indem eine U-Bahnstation komplett mit Plakaten einer einzigen Marke bestückt wird. Durch dieses (allerdings äußerst kostspielige) total branding gelingt es in der Tat, zwingend ins Bewusstsein des Betrachters einzudringen. Mediengetriebene Ideen werden auch in Zukunft eine immer stärkere Rolle spielen. Das Zusammenspiel von Print- und Onlinekommunikation hat ebenfalls an Bedeutung stark gewonnen.

Ein Bild zwischen den Ohren: Funkspot   3.3

Funkspots sind die anspruchsvollste, weil puristische Gattung des Werbetextes. Hier gilt allein das Wort, allenfalls unterstützt durch Soundeffekte. Innerhalb weniger Sekunden muss es gelingen, eine

Situation zu inszenieren, die allein durch akustische Signale zum Leben erweckt wird: Geräusche werden zu Umfeldern, Stimmen zu Menschen aus Fleisch und Blut, das Gehörte wird imaginiert.

Doch erst wenn es gelingt, das akustische Drama im Bewusstsein des Zuhöreres in ein reales zu verwandeln, entwickelt der Funkspot seine stärkste kommunikative Wirkung. Funkspots sind nicht bloß ein akustisches, sondern vielmehr noch ein imaginatives Erlebnis. Dabei hat es der Funkspot am schwersten, sich innerhalb seines kommunikativen Umfeldes zu behaupten. Das Radio ist bekanntermaßen ein Hintergrundmedium. Im Durchschnitt hört der Bundesbürger vier Stunden Radio am Tag. Doch niemand hört Radio in derselben Ausschließlichkeit und Intensität wie er etwa ein Buch liest. Und damit steht der Texter auch schon vor der ersten Hürde: Wie soll er überhaupt die Aufmerksamkeit des Zuhörers (der nebenbei Auto fährt, sich unterhält, arbeitet) erringen, Grundvoraussetzung für das erfolgreiche Platzieren der Werbebotschaft?

Als akustisches Hilfsmittel werden Soundeffekte eingesetzt, von denen eine gewisse Signalwirkung ausgeht. Nicht von ungefähr wirken über 80 Prozent aller Funkspots einfach nur laut. Sie sind es – weil sie sich gegen ein anhaltendes akustisches Störfeuer durchsetzen müssen. Es ist nicht einfach, auch nur für wenige Sekunden die Aufmerksamkeit des Zuhörers zu erringen. Es sei denn, man hat ihm wirklich etwas mitzuteilen. Die gelungene Mischung aus Entertainment und Information macht's.

Der Funkspot ist nichts anderes als das akustische Packaging der eigentlichen Kernbotschaft.

Diese wird vermittelt über:

- prägnante Stimmen (womöglich mit bekannten Synchronsprechern)
- Anschaulichkeit und Bildhaftigkeit der Sprache
- schlüssiges, schnell erfassbares Setting: einfache, manchmal komische oder sogar absurde Situationen
- Verwendung von Dialogen (gebräuchlichste Stilfigur)

Selten stehen für den Funkspot mehr als 30 Sekunden zur Verfügung. Entsprechend klar und nachvollziehbar muss der Aufbau sein – schließlich handelt es sich nicht um ein Hörspiel. Klassischerweise besteht der Funkspot aus den drei dramaturgischen Elementen Einführung (Intro), dem Mittelteil sowie dem Schluss (Outro).

Intro

Hier steht Unterhaltung im Vordergrund – gelingt es, die Aufmerksamkeit des Zuhörers zu erringen? Dies ist die Grundvoraussetzung, um eine relevante Werbeaussage überhaupt zu platzieren. Eine absurde Idee, eine ungewöhnliche oder verrückte Situation als Verschiebung des Alltäglichen, eine überraschende Frage sind Einstiege, die durch ihr Überraschungselement Aufmerksamkeit auf sich ziehen.

Mittelteil

Es geht um die Produkt- und Angebotsinformation. Sind alle wichtigen Aspekte (und nur die wichtigen!) genannt und berücksichtigt? Reduktion auf das Wesentliche ist auch hier oberstes Gebot. Niemand hört sich im Radio unnötige oder redundante Informationen im Werbeblock an.

Schluss

Handlungsaufforderung und Fazit sowie ggf. die Einfügung des Jingles. Der Zuhörer soll wissen, was er zu tun hat (Angabe von Telefonnummer und Adresse). Der nächste Schritt soll ihm so einfach wie nur irgend möglich gemacht werden: direkt, schnell und unmissverständlich.

Zur Verstärkung der Botschaft wird an Funkspots oftmals ein so genannter Reminder angehängt, der stark verkürzt die wesentlichen Inhalte aufgreift und wiederholt.

Der Jingle als melodisches Erkennungszeichen eines Unternehmens leistet dasselbe wie im visuellen Bereich das Logo: Er dient dem Branding und ist ein starker Identifikationsträger, der das Unternehmen von anderen deutlich abgrenzt. Der Jingle kann – etwa in Verbindung mit dem Claim – durch seine Tonalität zu einer starken und wiedererkennbaren Aussage verdichtet werden. In der akustischen Anmutung leistet er ein inhaltliches Statement: seriös oder poppig, dynamisch oder getragen, technisch oder klassisch, gediegen oder modern.

Unternehmen wie die *Deutsche Telekom* oder *Audi* haben zudem ein Soundlogo entwickelt, ein unverwechselbares und einzigartiges akustisches Signal.

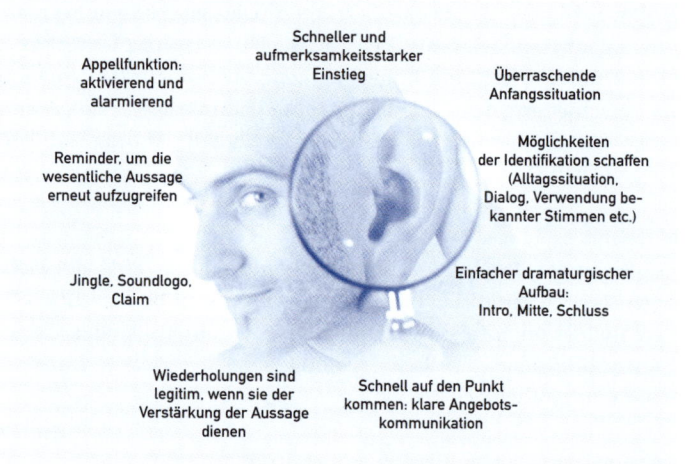

Checkliste Radiospot

Bei Produktion und Abmischung eines Spots ist unbedingt zu beachten, dass das Radio zumeist nur im Hintergrund läuft. Auch werden Radiospots oftmals durch die schlechte Wiedergabequalität am Endgerät verfremdet. Der Verbraucher erhält also nicht die brillante akustische Qualität einer professionellen Tonanlage, sondern hört den Funkspot im Extremfall aus einem quäkenden Transistorradio.

Die Berücksichtigung des letztendlichen Abspielgerätes führt zu einer einfachen praktischen Konsequenz: Ein Funkspot ist definitiv der falsche Rahmen für die Verwendung leiser Töne. Auch subtile Stilmittel würden hier bloß untergehen. In diesem Sinne hat auch der Funkspot in erster Linie „plakativ" zu sein: leicht erfassbar, schnell in der Kommunikation, überraschend und direkt im Ausdruck. Wen wundert's, dass im Bereich Funkspot die meisten Imperative gebraucht werden?

Die bewegte Welt der Marke: TV- & Kinospots 3.4

Die kommunikative Qualität eines Werbespots (Commercial) bemisst sich daran, wieweit es ihm gelingt, der Marke und dem Produkt ein eigenständiges Leben, eine vitale Faszination, einzuhauchen. Der Commercial transportiert und dramatisiert die Welt, in der das Produkt beheimatet ist. Diese Welt ist durch spezifische Menschen, Stimmungen, Interieurs und kleine (Alltags)Dramen charakterisiert. Der story flow mit überraschenden Wendungen dient der gekonnten Inszenierung von Produkteigenschaften.

Ein gelungenes Beispiel für einen solchen Handlungsfluss mit Pointe ist der bekannte TV-Spot *„Die Ohrfeige"* für *Mercedes-Benz*. Ein Mann, unterwegs im Auto, kommt verspätet nach Hause. Seine Frau stellt ihn zur Rede, woraufhin der Mann vorgibt, eine Autopanne gehabt zu haben. Und bang!, schon hat er sich eine schallende Ohrfeige der eifersüchtigen Gemahlin eingefangen, die ihm offensichtlich keinen Glauben schenkt. Denn ein *Mercedes* hat keine Panne. Die Geschichte dramatisiert dank der überraschenden Wendung eine durchaus relevante Produkteigenschaft: die Zuverlässigkeit der Fahrzeuge.

Keine anderen Medien als TV und Kino sind so sehr geeignet, eine eigene Erlebniswelt, die so genannte aspirational world, um eine Marke zu legen und sie damit zu wirklichem Leben zu erwecken.

Die größte Herausforderung ist dabei die Bewahrung der Glaubwürdigkeit. Bekanntlich kämpft die Werbung gegen ihre schwindende Akzeptanz aufseiten der Zielgruppen. Dieser soziokulturell begründete Trend lässt sich zwar nicht umkehren, aber zweifellos umgehen.

Eine herausragende ästhetische Umsetzung, eine brillante Idee, ein unterhaltsamer, dabei produktrelevanter story flow und vor allem das Bewahren der kommunikativen Glaubwürdigkeit umreißen die konzeptionelle Prioritätenliste bei der Produktion von Werbespots. Es geht nicht um synthetische Abziehbilder, sondern um wirklichkeitsnahe und glaubhafte Konzepte – auch beim Werbefilm.

Durch die Möglichkeit, mittels der Fernbedienung jederzeit und bequem das Programm zu wechseln, minimiert sich zudem die Wahrscheinlichkeit, dass mittelmäßige und langweilige Spots die Zielgruppen überhaupt erreichen. Aspekte des intelligenten Entertainments, des raffinierten attention getting und der authentischen Ansprache rücken mehr und mehr in den Vordergrund.

Schließlich: Wenn wir statistisch über 450.000 Commercials in unserem Leben sehen, ist es nur allzu begreiflich, dass wir gegenüber dem einzelnen TV- und Kinospot merklich abstumpfen. Oder erinnern Sie sich an jeden einzelnen Spot des letzten Werbeblocks?

Der technische Ablauf

Werbefilme werden in Kooperationen mit Filmproduktionsgesellschaften realisiert, die das Casting, die Zusammenstellung der Crew, die Wahl des Regisseurs, den Drehort (Location) und die Requisite organisieren.

Die Produktionsstufen eines Commercials

- Ideenfindung: Was ist der kreative Ansatz des Spots?
- Treatment: Sprachliche Beschreibung der Geschichte.
- Storyboard: Zeichnerische Umsetzung des Films anhand von Kernszenen.
- ggf. Moodboard: Zusammenstellung von Fotos, die die Stimmung des Spots (Menschen, Atmosphäre, Ort) transportieren sollen.
- Budgetierung: Sie erfolgt parallel zur kreativen Arbeit.
- Präsentation: Der Kunde genehmigt Story, Budget und Kooperationspartner.
- Dreh: Vor Ort sind die Filmproduktion, die Werbeagentur und der Auftraggeber (Kunde).
- Postproduktion: Mehr oder weniger aufwändige Bildbearbeitung, Einfügen von Specialeffects, Schnitt, Vertonung.

- Distribution: Überspielung des fertigen, getimten Films auf Band (digital oder analog) und Versendung der Kopien an Fernsehanstalten und Kinobetreiber.

Die Rolle des Texters bei der Abwicklung komplexer Filmproduktionen ist in jedem Fall die Ideenfindung, die Dialogführung, die Festlegung der Dramaturgie sowie die kreative Supervision des Projektes. Dazu gehört auch die Auswahl der Filmproduktion, des Regisseurs und die Überwachung der Postproduktion.

Spätestens hier zeigt sich, dass die Arbeit des Textens auch ins Organisatorische überleitet: Wer sich präzise sprachlich ausdrückt – eben weil es der Job verlangt – dem fällt es auch leicht, präzise Vorstellungen inhaltlich weiterzuleiten. Dabei versteht es sich von selbst, dass der Werbefilm das Ergebnis der gelungenen Anstrengung aller Beteiligten ist: vom Konzeptioner bis zum Caterer. Individuelle Leistungen sind unabdingbar, bleiben aber für sich genommen stets Stückwerk.

Viralspots   3.5

Durch die wachsende Bedeutung des Internets und des interaktiven Medienverhaltens ist eine neue kommerzielle Werbeform entstanden, der Viralspot. Hier entscheidet der Betrachter selbst, ob er den Spot weitersenden möchte oder nicht. Erstrebt wird also eine personelle Identifizierung des Betrachters mit dem medialen Inhalt. Nur besonders originelle, visuell kraftvolle und situativ komische Spots werden weitergeleitet. Denn warum sollte sich jemand freiwillig als Absender eines mittelmäßigen Spots zur Verfügung stellen?

Das Medium Internet verlangt geradezu nach einer herausragenden kommunikativen Leistung. Die technische Erstellung folgt in weiten Teilen der Abfolge eines TV- und Kino-Spots.

Allerdings ist die mediale Einspeisung eine vollkommen andere. Der Kanal ist online, der Distributionsweg das Weiterleiten durch den User, entweder ungesteuert oder durch das so genannte Seeding – hier wird eine definierte Klickrate vorgegeben und umgesetzt, gewissermaßen der Anschub für die nächste, spontane Stufe. Der Erfolg von Viralspots hängt einzig und allein in der Form ihrer medialen Verbreitung.

Durch den qualitativ neuen Informationskanal des Internets sind innerhalb weniger Jahre völlig neue und analog undenkbare Kommunikationsplattformen und Dialogmuster entstanden. Die globale Vernetzung ermöglicht neuartige und enorm kraftvolle mediale Umfelder.

Der kommunikative Quantensprung besteht im Machtzuwachs auf Seiten des Rezipienten. Das Internet ist in der Lage, jede (nicht nur werbliche) Aussage zu relativieren oder zu konterkarieren. Der Konsument selbst wird dabei zum Informationsträger und das klassische Kommunikationsmodell von Sender und Empfänger mithin ausgehebelt.

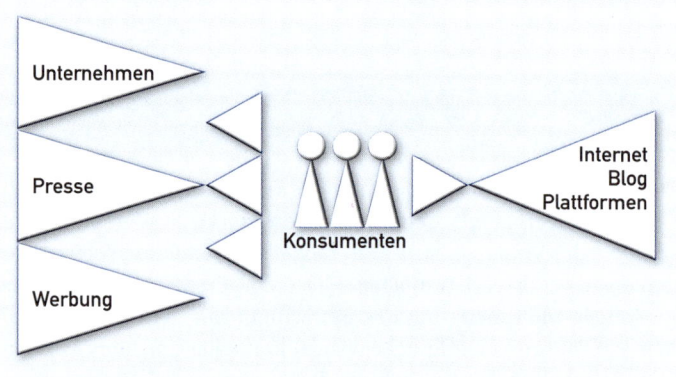

Aus Konsumenten werden Akteure: Klassische Medien und Kommunikationskanäle im Vergleich zum Internet

Das Internet ermöglicht einen individuellen und subjektiven Zugriff auf Informationen. Mit anderen Worten: Das bisherige Kommunikationsmonopol von Unternehmen, Medien und Werbung existiert nicht mehr. Das digitale Medium ermöglicht es jedem User, eigenen Content zu produzieren und parallele Botschaften zu versenden – global und annähernd kostenlos.

Funktion und Inhaltlichkeit

Broschüren, Unternehmensdarstellungen und aufwändig gestaltete Prospekte tragen dem Marktbedürfnis nach Information und ausführlicher Darstellung Rechnung. Insbesondere für technisch anspruchsvolle Produkte, deren Anschaffung mit hohen Investitionskosten verbunden ist, ist die Broschüre ein wichtiges Mittel der Kommunikation.

Im Bereich Business-to-Business reicht die Bandbreite von klassischen Imagebroschüren und Selbstdarstellungen bis hin zu individuell zugeschnittenen Fallstudien, die den Absender als möglichst kompetenten und vertrauenswürdigen Partner darstellen. Business-to-Business-Maßnahmen dienen der Akquise, schaffen Bekanntheit oder intensivieren eine bereits bestehende. Als kommunikative Visitenkarte des Unternehmens tragen sie entscheidend zum Markenaufbau bei. Was sich in den übrigen Medien (Anzeige, Plakat, TV- oder Funk-Spot) eben nicht darstellen lässt, erklären die inhaltlich anspruchsvolleren Formate. Dabei ist auf eine exakte inhaltliche Dramaturgie zu achten.

Die wichtigsten inhaltlichen Entscheidungskriterien sind Image, Information, Features, Sympathie und Kaufanreiz

▶ **Auch im Bereich der Broschüren bleibt kommerzielle Kommunikation ein Mittel der Verkaufsförderung.**

Textliche und stilistische Anforderungen

Während die Anzeige der möglichst durchdringenden und schlagkräftigen Bekanntgabe dient, liefert die Broschüre vertiefende Informationen – zum Unternehmen selbst, dem Produkt, zu einem Projekt oder einer spezifischen Dienstleistung. Vertiefende Information: Damit ist nicht gemeint, dass sich der Leser, sei es der Endverbraucher oder ein relevanter Geschäftspartner, die Inhalte mühsam selbst zusammensuchen müsste. Auch für werbliche

Broschüren gilt: *„Man muss den Tiefsinn verstecken. Wo? An der Oberfläche."* Einfachheit und Klarheit sind auch bei längeren Texten und komplexen Sachverhalten eine kommunikative Tugend. Denn auch hier geht es um die schnelle Erfassung und das Lenken der Aufmerksamkeit auf die wesentlichen Aspekte.

 Alle Inhalte kommunizieren direkt und unverstellt.

Text und Bild, Aussage und Visualisierung bilden eine Einheit, die auf Anhieb und mit großer Kraft auf den Betrachter einwirkt. Ist eine Broschüre also nichts weiter als die Aneinanderreihung gelungener Anzeigen- und Plakatmotive – möglichst laut, möglichst brachial, möglichst provokativ? Mitnichten. Die Broschüre füllt gewissermaßen die Leerstelle, die sich zwischen Brand-Awareness und legitimem Informationsbedürfnis auftut.

Auch die Broschüre sollte unkompliziert, lesefreundlich und einladend geschrieben sein; hier ist weniger die Mischung aus Werber-Deutsch und Marketing-Englisch gefragt, als vielmehr eine einnehmende und menschliche Tonalität: unterhaltend, kenntnisreich und flüssig geschrieben. Wortwitz, sprachliche Subtilität, ja sogar stilistische Eleganz finden in der Broschüre ihren Niederschlag. Vielleicht kommt hier der Werbetext der Literatur am nächsten.

Allerdings gilt auch hier: So kurz wie möglich, so ausführlich wie nötig. Inhaltliche Tiefe lässt sich auch direkt und ohne Umschweife erreichen. Als Texter muss man den richtigen Bohrpunkt kennen. Und den finden Sie nur, wenn Sie im Vorfeld ausführliche Recherche betrieben haben. Lediglich oberflächliche inhaltliche Kenntnis rächt sich umgehend durch ein spürbares Ausdünnen der Botschaft. In diesem Sinne gehören Akribie, Neugierde und journalistischer Biss zum Handwerk des Textens.

Aber: Eine Broschüre ist keine Zeitung! Hüten Sie sich vor der so genannten „Bleiwüste" – der endlosen Aneinanderreihung von wenn auch noch so bedeutungsschwangeren Aussagen. Kompakt, anschaulich und kurzweilig: Bitte überanstrengen Sie den Leser nicht! Und vergessen Sie nie, ein Text ist gerade einmal so gut, wie er durch bildhafte Darstellungen ergänzt werden kann. Gute Texte öffnen stets eine visuelle Dimension und lassen sich hervorragend bildlich unterstützen.

Die inhaltliche Anordnung der Broschüre
Die klassischen Imagebroschüren folgen einer gewissen Dramaturgie.

Die Broschüre richtet sich nicht an einen beliebigen Leser oder Betrachter, sondern sucht vielmehr die persönliche Ansprache. Kein Wunder also, dass auf der formalen und produktionstechnischen Seite Broschüren höchste Anforderungen an Text, Grafik und Produktion stellen. Doch auch formale Brillanz und drucktechnische Finessen können den eigentlichen Inhalt nicht ersetzen. Ästhetik pur genügt nicht; Information und Struktur gehören auch dazu.

Nichts erleichtert die Konzeption einer Broschüre so sehr, wie die einfache Überlegung der inhaltlichen Anordnung – und das bereits im Vorfeld. Äußerst hilfreich ist dabei das Erstellen eines so genannten Heftplans – ein handschriftlich skizzierter Aufriss, anhand dessen die thematische Zuordnung deutlich wird.

Schematischer Aufriss einer Broschüre (Aufbau in Doppelseiten)

Praxisbeispiel Broschüre

Entwicklung einer Imagebroschüre für ein Unternehmen der Weiterbildung. Unter dem Titel „Weiterbildung hat Konjunktur" werden Schlüsselbegriffe der beruflichen Qualifikation typografisch reduziert herausgearbeitet.

Ein wichtiger Tipp beim Konzipieren von Broschüren: Denken Sie in Doppelseiten. Der Heftplan ist ein reine Arbeitsunterlage – und zugleich eine wesentliche Etappe bei der Festlegung der Inhalte. Lassen Sie Raum für Bilder und überlegen Sie, wie diese den Text sinnvoll unterstützen und stärken können.

Am Beispiel einer beliebig gewählten Imagebroschüre lassen sich die sinnvolle Reihenfolge und wichtige inhaltliche Etappen verdeutlichen:

■ Titel – Attention getting und/oder Versprechen an die Zielgruppe:
Der Titel der Broschüre ist plakativ und weckt Neugierde – schließlich möchte man das Aufschlagen der Broschüre so verheißungsvoll wie nur irgend möglich machen.

■ Vorstellung des Unternehmens (falls noch nicht bekannt):
Mit einer Unternehmensbroschüre ist es wie mit dem Kennenlernen eines Menschen – man möchte einfach wissen, mit wem man es zu tun hat. Transparenz und Offenheit gehören zum Repertoire professioneller Kommunikation. Der Leser hat ein Anrecht darauf, mit dem Unternehmen, seiner Philosophie und den Unternehmenszielen bekannt gemacht zu werden.

■ Produkt, Dienstleistung, Angebot:
Hier geht es um das Eingemachte: Was hat das Unternehmen überhaupt zu bieten?

■ Referenzen und Fallbeispiele: *„It works!":*
Ein besonders eindrucksvolles und unerlässliches Kapitel, da kein Kunde ein Interesse an zweifelhaften Produkten und Dienstleistungen hat. Nichts ist überzeugender als eine namhafte Referenzliste.

■ Darstellung von Arbeitsfeldern und Ergebnissen:
Es schadet überhaupt nicht, den Leser über den Tellerrand blicken zu lassen. *„Wussten Sie eigentlich, wie vielseitig unser Unternehmen ist?"*

- Extra-Services:
  Keine Frage: Der Markt gibt sich heute nicht mehr mit Standardleistungen zufrieden. Gefragt ist das Außergewöhnliche, das Herausragende, das Unerwartete. Nicht immer vermag das Produkt dies zu leisten. Dann ist es Aufgabe der kreativen Ideengebung, einen relevanten Nutzen, ein einzigartiges Profil, eine unverwechselbare Stilistik beizufügen. „Ihr Produkt ist nicht einzigartig? Macht nichts. Ihre Kommunikation kann es sein!"

- Kontakt und sog. „Easy next Steps":
  Natürlich möchte der Leser auch erfahren, an wen er sich wenden kann – für Rückfragen, Kritik, das Anknüpfen neuer Kontakte. Alle relevanten Kontaktdaten sind daher integraler Bestandteil der Broschüre. Womit deutlich wird, dass sie im Kern nichts anderes ist als ein Mittel der Bindung an das Unternehmen. Hier ist auch der Ort, um dem Leser einfache Handlungsschritte vorzugeben, die idealerweise den Weg zur Kaufhandlung ebnen.

Spätestens bei der inhaltlichen Konzeption einer Broschüre stellt man fest, dass ihr grundlegende Überlegungen bezüglich Corporate Design, Corporate Values und Corporate Language vorausgehen müssen, um zu einem befriedigenden und inhaltlich überzeugenden Ergebnis zu kommen. Die konzeptionelle Kommunikation gegenüber Unternehmen besitzt, wie sich herausstellt, eben auch eine ausgeprägte strategisch-beraterische Funktion.

Wie soll ein Texter ein Unternehmen glaubwürdig darstellen, das seinen Selbstfindungsprozess noch gar nicht abgeschlossen hat? Herausragende Ergebnisse setzen einen intensiven, stetigen und vertrauensvollen Austauschprozess voraus.

Je größer das Budget desto höher auch die Neigung in den Marketing-Abteilungen, Kampagnen als medienübergreifende Werbefeldzüge anzulegen. Auf diese Weise werden die Zielgruppen über mehrere mediale Kanäle erreicht – wobei stets die Einheitlichkeit der Botschaft zu bewahren ist. Schließlich geht es um die Maximierung des kommunikativen Impacts, nicht um die Verwässerung der Aussage. Die Erhöhung der Kontaktzahl durch unterschiedliche Medien, die Variabilität der Ansprache – vom Funkspot bis zum Event – schaffen eine breite Kommunikationsplattform und eröffnen auch für den Text neue Wirkungspotenziale.

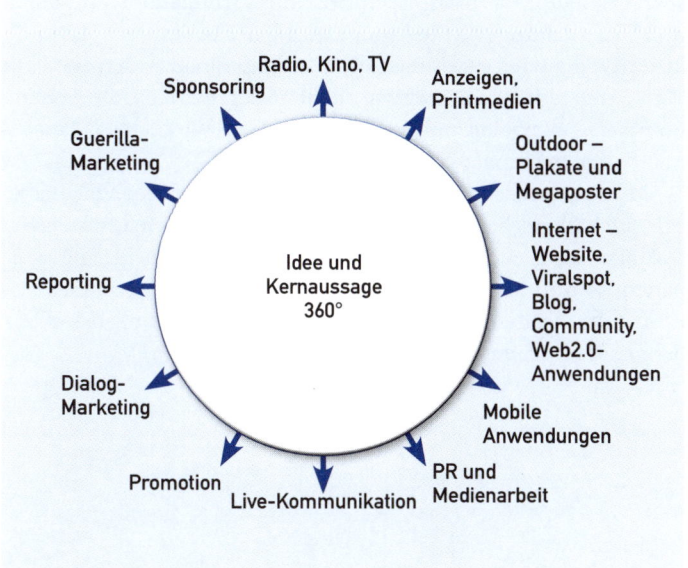

360° Kommunikation

Eine echte Idee erkennt man daran, dass sie sich problemlos auf unterschiedliche Formate adaptieren lässt. Die Aussage bleibt gleich – gleichgültig, welches Medium gewählt wird.

Für den Texter bedeutet das, nicht in Worten, sondern in Medien zu denken. Die Medien sind das Transportvehikel für die gleichbleibende Aussage. Durch den medial übergreifenden Einsatz wird eine Werbeaussage von mehreren Seiten beleuchtet – sie wird spannender, aussagekräftiger und gewinnt an Facettenreichtum.

Stärker in den Vordergrund rücken seit einiger Zeit auch Event-Konzeptionen, die klassische Werbeaussagen in ein ganzheitliches Erlebnis verwandeln – gewissermaßen die Bewährungsprobe für die Produktaussage.

Zum Leitmedium der Gegenwart und Zukunft hat sich längst das Internet entwickelt. Kein anderes Medium entspricht so sehr dem Arbeits- und Lebensstil in der postindustriellen Gesellschaft mit seinem Bedürfnis nach Unmittelbarkeit, Interaktion, Mobilität und Unterhaltung. Die Revolutionierung des gesamten Kommunikationsverhaltens – weit über die Werbung hinaus – hat mit dem Web 2.0 gerade erst begonnen. Die jetzt heranwachsende Generation ist bereits völlig mit der Bipolarität der Wirklichkeit (analog und digital, real und virtuell) vertraut.

Welche gesellschaftlichen und individuellen Konsequenzen dieses grenzüberschreitende und allgegenwärtige Medium haben wird, ist heute völlig unabsehbar. Die globale Angleichung des urbanen Kommunikations- und Lebensstils ist nur das erste Anzeichen einer viel tiefer und weiter reichenden Umwälzung des alltäglichen, beruflichen und privaten Lebens.

Kommunikation innerhalb der Koordinaten Unternehmen, Zielgruppe und Kontext

- Auch wenn die professionelle Herangehensweise an die einzelnen Werbeformen unterschiedlich ist, gibt es doch eine zentrale Gemeinsamkeit: Alle Werbeformen beruhen auf einer definierbaren Bedürfnishaltung der Zielgruppen.

- Das jeweilige Medium und die werbliche Form sind lediglich die Transmissionsriemen für die definierten kommunikativen Inhalte.

- In komplexen medialen Umfeldern (real und virtuell) werden notwendigerweise auch die Formen der Ansprache vielfältiger, anspruchsvoller und facettenreicher. Das flexible Umfeld verlangt nach offenen und überraschenden Antworten.

- Printpublikationen benötigen einen erkennbaren inhaltlichen Faden – nur so bleibt das Interesse des Lesers wach.

- Der Ansatz, mit einer Kampagne möglichst viele Medien parallel zu belegen (sog. 360°-Kommunikation), ist Spiegel der hybriden medialen Gewohnheiten der Konsumenten.

- Die Revolution des Internets und der mobilen Kommunikation hat gerade erst begonnen; sie stellt wortwörtlich alle herkömmlichen Kommunikationsmuster auf den Kopf.

Standort-Kampagne für Deutschlands attraktivstes Bundesland

Die Motive erscheinen multimedial als Plakat (Outdoor), Anzeige (Print), als Buswerbung sowie im Internet. Die Kampagne spielt mit den traditionellen Werten des Bundeslandes Rheinland-Pfalz, die sie modern interpretiert. So wird der Betrachter stets aufs Neue positiv überrascht. Der Claim *„Wir machen's einfach"* unterstreicht den objektiv darstellbaren Innovationanspruch von Rheinland-Pfalz.

Entdecken Sie Rheinland-Pfalz (Teil 9)

Viele Wege führen nach Rom.
Drei Buchstaben nach Rheinland-Pfalz: www.rlp.de

Viele Wege führen nach Rom. Drei Buchstaben nach Rheinland-Pfalz: www.rlp.de. Wir Rheinland-Pfälzer sind eben überall gut vernetzt. Denn dank der Breitbandinitiative sind wir mit unseren Datenautobahnen bundesweit auf der Überholspur. Durch die Online-Offensive „Mittelstand Connex" werden unsere Mittelständler auf dem riesigen Marktplatz Internet zu „Global Playern". Die Landesregierung investiert über 50 Mio. Euro jährlich in Zukunftstechnologien. Mit Erfolg. Kaiserslautern zum Beispiel hat sich über den Industriestandort hinaus zu einem renommierten Zentrum für Informationstechnologie entwickelt. Zukunft ist in Rheinland-Pfalz längst Gegenwart. Willkommen in Rheinland-Pfalz. Willkommen in der Zukunft.

Klicken Sie sich durch auf **www.rlp.de**

Rheinland Pfalz
Wir machen's einfach.

Entdecken Sie Rheinland-Pfalz

Unsere Models für mehr Lebensfreude.

Wer viel arbeitet, kann auch viel feiern. Überhaupt lassen wir Rheinland-Pfälzer es uns gern so richtig gut gehen. Dass die Lebensqualität bei uns hoch ist, hat sich mittlerweile herumgesprochen: Naherholungsgebiete und Naturparks, Thermen und Heilbäder, eine reizvolle, abwechslungsreiche Landschaft sowie zahlreiche Kulturdenkmäler von Weltrang sorgen dafür, dass Langeweile bei uns ein Fremdwort ist. Übrigens: Nicht nur auf Weinfesten und traditionell zur närrischen Zeit wird bei uns ausgelassen gefeiert. Hier in Rheinland-Pfalz ist eigentlich jeder Tag ein Fest fürs Leben.

Rein ins Vergnügen unter **www.rlp.de**

Rheinland Pfalz
Wir machen's einfach.

Kampagne 50plus

Die Zielgruppe 50plus gewinnt allein schon aus demografischen Gründen rapide an Bedeutung. Denn die Überalterung der Gesellschaft wird zwangsläufig auch auf die Kommunikation abstrahlen – sie tut es schon jetzt. Die Models und Testimonials der Zukunft sind 50plus! Die bundesweite Kampagne *„Erfahrung ist Zukunft"* flankiert die Wiedereingliederung älterer Menschen in den Arbeitsmarkt.

Typografie wirkt

 *Freiheit* Einheit Demokratie

**Bürgerfest am Brandenburger Tor
23. Mai 2009 von 10.00 bis 22.00 Uhr**

www.freiheit-und-einheit.de

Plakatmotiv zum sechzigjährigen Bestehen der Bundesrepublik
2009 in Schwarz, Rot und Gold. Die typografische Gestaltung
lehnt sich an Bauhausplakate der 1920er-Jahre an. Das Corporate
Design der Bundesregierung wird respektiert, aber zeitgemäß interpretiert.

Spielarten der Werbung

Im Kern ist Werbung eine Technik – die Technik der Suggestion

4

In diesem Kapitel erfahren Sie,

- wie sich Grundzüge der Konsumentenkommunikation klassifizieren lassen und welche Kriterien Sie dabei anwenden können.

- dass werbliches Schreiben nichts anderes ist als das Erschaffen oder Herausarbeiten von sichtbaren Bezugspunkten innerhalb eines kollektiven Wertesystems.

- warum der Kaufakt selbst in der Werbung niemals thematisiert wird – sondern stets die dahinterliegende Motivation.

- dass sich Massenkonsum stets individuell manifestiert und daher einer individuellen Stimulation bedarf.

- weshalb Konsum eine Ersatzhandlung ist und Werbung das dazugehörige Glückssurrogat.

- wie sich Ästhetik und Qualität eines Werbetextes und einer Konzeption durchaus diskursiv begründen lassen und die Ebene des persönlichen Gefallens bzw. Missfallens überwunden wird.

- warum die individuelle Kaufentscheidung stets ein bewusster Akt des Dezisionismus ist und notwendigerweise zuungunsten einer anderen, möglichen Entscheidung fällt – und wie Werbung diesen Prozess steuert.

Aussage, Format und Ansprache | 4.1

Konsumentenwerbung | 4.1.1

Das ist die Werbung, wie sie jeder kennt: beleuchtete Plakate entlang der großen Ausfallstraßen, TV-, Radio- und Kinospots, Anzeigen in der überregionalen Presse, Promotions in den Fußgängerzonen sowie die Unternehmenspräsenzen und Servicedienste im Internet.

Was ist all diesen unterschiedlichen kommunikativen Darstellungsformen gemein? Gibt es eine verbindende Gesetzmäßigkeit – einen Grundgedanken, der sie alle vereint – und es zugleich leichter macht, professionell mit ihnen umzugehen? Eine wesentliche Gemeinsamkeit ist die Definition der Zielgruppen als (potenzielle) Rezipienten und Konsumenten. In der textlichen Konzeption werden die Zielgruppen einzeln gefasst und es wird versucht, singuläre und relevante Aussagen für sie zu treffen. Ein Teenager verfolgt andere Interessen als ein Privatier, eine alleinstehende Frau Ende Zwanzig hat andere kommunikative Bedürfnisse als ein ergrauter Familienvater. Damit ist bereits ein mögliches Kriterium der Analyse, die des Alters, umrissen. Weitere kommunikative Parameter hinsichtlich der Zielgruppen sind Geschlecht, Einkommen, Bildungsstand, Region, Sprache, Nationalität und Religion. Wer von Zielgruppen spricht, meint zugleich ein ganz bestimmtes Ethos. Und dieses wiederum spiegelt sich im Konsumverhalten wieder

Jede Zielgruppe, jedes Individuum bewegt sich in einem definierten Werterahmen, den auch die Kommunikation nicht verlassen darf, um überhaupt verständlich und nachvollziehbar zu sein.

Dieses Ethos kann hedonistisch geprägt sein, auf Leistungsorientierung oder Abenteuerlust gründen, Fürsorglichkeit oder Egoismus betonen. Auch Freundschaft, Zuwendung, Liebesbereitschaft sind ethische Werte, die sich im Selbstverständnis der Konsumenten finden. Nichts verübelt der heutige Konsument so sehr, als wenn er ausschließlich als Konsument angesprochen wird. Auch die Werbung hat begriffen, dass das Portemonnaie ein denkbar ungeeignetes Mittel ist, um Sympathie, Interesse und Aufmerksamkeit zu erlangen. Die werbliche Scharfstellung auf den jeweiligen Absatzmarkt beruht noch immer oftmals auf einem Missverständnis. Ökonomisch ist die Zielgruppe konsumistisch definiert. Aber kein Konsument definiert sich ausschließlich über Konsum.

Vergessen Sie niemals, dass Konsum eine symbolische Handlung ist, hinter der sich ganz andere Motive verbergen. Konsum ist lediglich das oberflächlich ökonomisch sichtbare Signal für eine völlig anders gelagerte Motivation.

Konsum ist niemals Selbstzweck

Unterschwellig geht es um

- Prestige,
- Eitelkeit,
- Macht,
- Bedürfnis nach Schönheit,
- Anerkennung und Liebesbedürfnis,
- Gesundheitsbewusstsein, Angst vor Krankheit,
- Renommee,
- soziale Abgrenzung,
- Selbstdarstellung und Narzissmus,
- Belohnung,
- Selbstbestätigung.

Die größte konzeptionelle Fehlleistung der Business-to-Consumer-Kommunikation (B-to-C) ist die Annahme, dass der Kaufakt selbst im Vordergrund stünde. Es geht, ganz im Gegenteil, um die Befriedigung nichtkonsumistischer Sehnsüchte und Aspirationen. Konsum ist lediglich das Surrogat hintergründiger Antriebe.

Das, worum es wirklich geht, die emotionale Befriedigung, macht erst die Werbung, niemals das Produkt, sichtbar und trans-

**parent. In der dargestellten Emotionalität, nicht in unserer Kauf-
haltung, erkennen wir uns wieder.**

Denn was ist das große, genreübergreifende Thema der Werbung?
Die Werbung spricht vom Glück. Dass es möglich sei, ist für die
Werbung ganz zweifelsfrei gegeben. Doch sie macht dabei eine –
aus ihrer Sicht – notwendige Einschränkung. Sie spricht vom
Glück, das man erwerben kann. Das Glück ist eine Ware, es lässt
sich materialisieren. Neben die emotionale tritt die dingliche Dimension. Glücklich macht das, was besitzt werden kann. Wobei
nicht die irgendwie mystische Qualität der geistigen Verinnerli-
chung gemeint ist, etwa wie man intellektuelle Überzeugungen
oder einen Glauben hat und mit anderen teilt, sondern die persönliche Inbesitznahme als Akt des Beherrschens.

Emotionalität und Bildhaftigkeit der Ansprache funktionieren erst
dann, wenn sie von der Zielgruppe aufgegriffen und bejaht, zumindest nachvollzogen werden. In diesem Sinne ist die Werbung
ein großer bunter Resonanzkörper, der in der Zielgruppe zusam-
mengefassten Konsumentenkreise.

Zwar spricht man, soziologisch zutreffend, von Massenartikeln,
Massenkonsum, Massenkommunikation. Aber Konsum ist eine
individuelle, keine kollektive Angelegenheit. Die Masse ist als Masse kommunikativ gar nicht erreichbar. Die werbliche Botschaft
muss sich an den Einzelnen richten. Der Konsument lässt sich
werblich und textlich erst dann animieren, wenn man dessen Motivation verstanden, durchschaut und auf sie eingegangen ist. Die
entsprechenden kommunikativen Signale können Schlüssel- und
Reizwörter sein, eine starke Visualisierung, eine alltagsrelevante
Geschichte oder die motivational überzeugende Ansprache.

Nur wer die Motive des Konsumenten kennt, vermag ihn überhaupt zum Konsum zu animieren. Ökonomisch ist zwar die Kaufentscheidung ausschlaggebend, aber damit sie überhaupt fällt,
muss das Ego des Rezipienten angesprochen und involviert werden. Die werbliche Kommunikation liefert Ansatzpunkte für ein
persönliches Involvement: Nicht das Produkt ist spannend und be-

gehrenswert, sondern seine Botschaft – „das, was es für mich bedeutet."

Das Wesen des Konsums zu entschlüsseln, Motive als Kaufanreize und Projektionen des Konsumenten-Egos darzustellen, entsprechende werbliche Bild- und Handlungsideen zu entwickeln – all dies fällt in den konzeptionellen Tätigkeitsbereich des Texters. Man fängt zwar niemals bei Null an, aber der Anfang wird stets von den wandelbaren Konsumgewohnheiten und dem dahinter stehenden Selbstverständnis der Zielgruppen definiert. Je individueller die Formen der Ansprache sind, etwa im dialogorientierten Medium Internet, desto präziser und intuitiver muss die Kenntnis hinsichtlich der Rezipienten sein.

4.1.2   Business-to-Business

Nicht jede Werbung bekommt der Endverbraucher auch zu Gesicht. Ein Großteil der professionellen Kommunikation erreicht erst gar nicht die breite Öffentlichkeit, sondern lediglich spezialisierte Ziel- und Entscheidergruppen. Business-to-Business-Formate (B-to-B) werden bewusst eingesetzt, um sich als Geschäftspartner gegenüber dem Handel oder anderen Unternehmen ins Gespräch zu bringen, bestehende Geschäftsbeziehungen zu festigen und neue anzubahnen.

Für den Texter heißt das: Umdenken! Die werbliche Dienstleistung kann niemals unabhängig von ihrer Zielgruppe betrachtet werden; verändert sich die Zielgruppe, so verändert sich mit ihr notwendigerweise auch die Kommunikation. Mit welchen (harten oder weichen) Argumenten lassen sich potenzielle Geschäftspartner überzeugen? Wie lässt sich ein Dialog einfädeln? Wo liegen die kommunikativen Anknüpfungspunkte – und wie können sie intensiviert werden?

Das Hineindenken in die Welt der Entscheider ist die Voraussetzung, um diese zu erobern. Was relevant ist für den Entscheider, ist nicht unbedingt relevant für den Endverbraucher – und umgekehrt.

Business-to-Business-Formate in der Werbung benutzen zwar dasselbe Vokabular wie die klassische Endverbraucher-Werbung, ihre Intention jedoch ist eine weitaus differenziertere.

Business-to-Business-Werbung ist ausnahmslos eine Einladung zum Dialog: Kontakte wollen persönlich gepflegt werden. Gerade dieser Aspekt des persönlichen Involvements macht B-to-B-Formate anspruchsvoll und abwechslungsreich.

Das Nahziel ist, anders als etwa bei Publikumsanzeigen, die persönliche Kontaktaufnahme.

Die direkte Ansprache, der Dialogcharakter, die genaue Balance von informativem und emotionalem Gehalt bestimmen den Stil der B-to-B-Kommunikation. Ähnlich wie in den klassischen Bereichen ist hier das größte kommunikative Handicap der werbliche Overload der Zielgruppe. Als Sender einer Werbebotschaft ist man niemals der erste, niemals der einzige und niemals der letzte.

Erschreckend aber wahr: Die meisten Mailings im Bereich B-to-B scheitern bereits an der Sekretärin oder wandern ungelesen in den Papierkorb. Keine Frage, die größte Hürde ist das Erringen der Aufmerksamkeit. Diese Herausforderung ist hier besonders hoch, da die Zielgruppe fast schon aus Berufsprinzip über wenig Zeit verfügt. Der kommunikative Funken muss also blitzschnell überspringen. Dies gelingt aber nur selten über die reine Information. Aufmerksamkeit, das gilt auch für B-to-B-Kommunikation, wird auf emotionalem Wege erlangt.

Verblüffung und Fantasie sind weitaus stärkere kommunikative Motoren als nüchterne Fakten. Andererseits interessiert sich die Zielgruppe im B-to-B-Bereich für nichts anderes so brennend wie Fakten und Zahlen.

Der Spagat zwischen emotionalem Einstieg und rational fassbarer Darlegung ist immer eine Herausforderung an die Konzeption. Der Kontakt soll sachlich betont sein – aber emotional aufgeladen.

Wie es dennoch möglich ist, die Aufmerksamkeit erfolgreich auf sich zu ziehen? Der Geschäftsführer eines Start-up-Unternehmens sandte kurzerhand 50.000 vorgedruckte Postkarten mit einem Motiv seines Urlaubsziels Mauritius an potenzielle Neukunden – und erzielte eine deutlich überdurchschnittliche Resonanz.

Einen breiten Raum nimmt die Kommunikation in der Fachpresse ein. Verbands- und Branchenblätter, Fach- und Abonnementzeitschriften sind die werbliche Plattform. Aber auch hier greifen spezifische Unterschiede zur klassischen Werbung. B-to-B-Formate sind deutlich handlungsorientiert, oftmals personalisiert und stark spezialisiert – die Zielgruppe der High Potentials ist stets eine eingegrenzte.

Für den Texter setzen B-to-B-Formate eine hohe produktspezifische Kenntnis voraus (schließlich kommuniziert man mit Fachleuten) sowie eine intensive Auseinandersetzung mit der Psychologie und Mentalität der Entscheidungszirkel. Das Preisargument – gegenüber dem Handel so oft und zumeist erfolgreich angewandt – ist unbedingt sparsam zu verwenden. Denn Konditionen werden unter Geschäftsleuten im Nachgang und persönlich geklärt.

4.1.3 Texten als Entertainment

Immer wieder wird die Frage gestellt: emotionale Ansprache oder rationale Information? Dahinter steckt die grundsätzliche Erwägung, auf welchem werblichen Wege reizübersättigte Zielgruppen überhaupt noch erreicht werden können.

Jede Investition beruht auf einer vorherigen gezielten Information. Aber wie soll diese Information verfasst sein? Kühl und nüchtern? Laut und leidenschaftlich? Oder doch lieber leise und seriös? Wer erfolgreich werben will, darf niemals die Mentalität, kulturelle Prägungen, den Wertehorizont und das Lifestyle-Verständnis der Zielgruppen aus den Augen verlieren. Ohne Frage ist das Informationsbedürfnis weit hinter das Unterhaltungsbedürfnis getreten. Von einem Werbetext erwartet der Konsument zu Recht ein gewisses Maß an inhaltlicher Aufklärung – der Wissensgehalt, und sei er noch so gering, ist in jedem Fall ins werbliche Kalkül zu ziehen. Nicht zuletzt deswegen, weil Marken- und Produkttransparenz zu den entscheidungsrelevanten Kriterien des Konsums gehören. Aber Information allein genügt nicht – zumal sie durch die Medien des täglichen Gebrauchs (Zeitung, Radio, Fernsehen, Internet) längst eine fast schon ubiquitäre Verbreitung gefunden hat.

Werbetexte, die gelesen werden sollen, müssen daher neben dem ihnen zugrunde gelegten Informationsgehalt auch ein hohes Maß an Unterhaltungswert besitzen.

- Ein guter Werbetext liest sich leicht, ohne trivial zu werden.
- Er bedient Klischees, doch ohne zu ermüden.
- Er beschränkt sich auf das Notwendige, aber er wird diese Reduktion niemals spürbar machen.

Ein gut gemachter Werbetext lässt die Lust spüren, die das Schreiben, Denken und Konzipieren hervorruft.

Qualität und Innovation   4.1.4

Qualität, so lautet ein bekanntes Bonmot, kommt von Qual.

Ein gesundes Maß an protestantischem Leistungsethos, ausdauerndem Perfektionismus und der inneren Verweigerung alles dessen, was mittelmäßig ist oder als solches erscheint, sind in der Werbung die Voraussetzung zum Erfolg. Aber das Problem ist: Nach welchem Parameter soll entschieden werden, welche kreativen Vorschläge umgesetzt werden und welche nicht?

Es ist einfach, sich zu einer kommunikativen Entscheidung zu bekennen, wenn der Erfolg ihr Recht gegeben hat. *„Günstixt"* (für den Autovermieter *Sixt*), *„Die tolle Kiste"* (für den *Fiat Panda*) oder *„Er läuft und läuft und läuft"* (für den *VW-Käfer*) können so falsche Aussagen nicht sein, denn der Markterfolg hat sie bestätigt. Über kommunikative Aussagen, Positionierungsmuster und kreative Strategien muss jedoch entschieden werden, bevor ihr Erfolg (oder Misserfolg) überhaupt eintritt.

▶ **Nach welchen Kriterien kann und soll die kreative Leistung, und mit ihr natürlich auch der Text, evaluiert werden?**

Die gültige Entscheidungsgrundlage (neben dem viel beschworenen diffusen Bauchgefühl als intuitiver Richtinstanz) kann nur das im Voraus erteilte Briefing sein. Ist dieses erfüllt, hat man zumindest die Hausaufgaben gemacht. Eine kreative textliche Leistung jedoch, die outstanding ist – unerhört, unerwartet, bahnbrechend –, löst notwendigerweise zuallererst Irritationen aus. Denn hier fehlen die gerade die empirischen Leistungs- und Erfahrungsparameter. Wie jede menschliche Erfindung betritt auch innovative Kommunikation zunächst Neuland. Hier gibt es keine Vorläufer, keine erprobten Beispiele und keine Muster, auf die man sich berufen könnte. Innovationen im Bereich Werbung können ihren Ursprung in neuen Techniken und Medien, aber auch in überraschenden Perspektivwechseln haben.

▶ **Innovative Werbetexte bestechen durch die Fähigkeit zum Perspektivwechsel.**

Sie nötigen den Rezipienten, die Marke oder das Produkt aus einem für ihn überraschenden Blickwinkel zu betrachten. Ein solches Konzept lag beispielsweise der *Diesel*-Kampagne *„For successful living"* zugrunde.

Wie jeder Text ist letztlich auch der Werbetext nichts anderes als eine mögliche Interpretation unter vielen – eine Interpretation des Produktes, seiner Beziehung zur Zielgruppe, seiner Position in einem wie auch immer dargestellten oder imaginierten sozialen, wirtschaftlichen oder natürlichen Kontext. Je bunter die Palette, je breiter das Panorama und je ungewöhnlicher der Blickwinkel, desto höher ist auch das kommunikative Überraschungsmoment.

Das Rad der Innovation dreht sich allerdings langsam. Werbung und Werbetexte können ihrer Zeit voraus sein – aber nicht zu weit. Als avantgardistisches Happening und experimentelle Prosa hätte der Werbetext seine Bestimmung gründlich verfehlt. Der Bezug zu

Marke, Produkt und Zielgruppe muss, so frei er auch interpretiert wird, klar ersichtlich sein. Ein Werbetext, dessen Lektüre keine Regung des Interesses oder der Zustimmung auslöst, arbeitet offensichtlich nicht gut und schnell genug. Auf das Überraschungsmoment kommt es an – ohne den Betrachter dabei zu überfordern oder ihn zu ermüden.

Woran lässt sich die Qualität eines Werbetextes feststellen? Gibt es objektive Kriterien?

Ein Werbetext ist mehr als nur Geschmackssache oder ein Stück Prosa. Die Voraussetzungen unter denen er entsteht und der Zweck, dem er dient, erlauben es, ihn losgelöst von subjektiven Präferenzen einzuordnen und zu bewerten.

Vermittelbare Parameter sind:
- die Berücksichtigung und Spiegelung der Zielgruppe,
- die konzeptionelle Einhaltung des Briefings,
- Innovationsgehalt und Überraschungsmoment,
- Unkonventionalität und Medienkonformität (Machbarkeit).

Eine einfache Übung zur Evaluierung:

Übung

Nehmen Sie eine beliebige Printanzeige zur Hand und überprüfen Sie hinsichtlich der Kriterien:
- Wer ist die Zielgruppe?
- Wie wird sie angesprochen?
- Was will die Anzeige erreichen?
- Und schließlich die wesentliche Frage: Gelingt dies auch?

Die letzte Frage lässt sich nur subjektiv aus alleiniger Sicht des Rezipienten beantworten.

Weiter im Text

*„Verknüpfe zwei Dinge, die nichts miteinander zu tun haben –
so erhältst du das Unerwartete."*

Klar, man ist nie der Erste und nie der Einzige – auch nicht in
der Werbung. Umso besser zu wissen, wie andere mit kommunikativen Herausforderungen und Fragestellungen umgegan-
gen sind.

Hier finden Sie Zitate, Gedanken und Aphorismen rund um
das Thema Text, Kommunikation und Werbung. Sie stammen
von namhaften Autoren, Designern, Typografen und Werbe-
fachleuten.

*„Die Grundvoraussetzung für Originalität ist die Fähigkeit,
zum richtigen Zeitpunkt das zu vergessen, was wir ohnehin
schon wissen."*
Arthur Koestler

*„Kommunikationsdesign funktioniert nur dann, wenn es eine
Idee enthält – eine Idee, die für die Zielgruppe einleuchtend und
nachvollziehbar ist.
Aus dem einfachen Grund, weil sie diese Idee bereits besitzt."*
Adrian Forty

*„Werbung ist die Kunst, eine Botschaft in die Köpfe von möglichst
vielen Menschen zu einem möglichst geringen Preis zu bringen."*
Rosser Reeves

„Das Hässliche lässt sich nicht verkaufen."
Raymond Loewy

„Wenn alle in eine Richtung gehen, gehe du in die andere."
John Hegarty

„Werbung – das ist der größte Spaß, den man mit angezogener Kleidung haben kann."
Jerry della Femina

„Gewöhnliche Dinge in ungewöhnliche Zusammenhänge setzen, die Aufmerksamkeit erwecken und auf angemessene Weise eine Idee ausdrücken – das reizt mich am meisten."
Leo Burnett

„Man schreibt besser, wenn man etwas hat, über das man wirklich schreiben kann."
William Bernbach

„Der Kunde ist kein Dummkopf. Er ist deine Frau."
David Ogilvy

„Ein Produkt ist ein verfügbarer Gegenstand oder eine einzufordernde Dienstleistung. Eine Marke hingegen ist ein komplexes Ensemble befriedigter Bedürfnisse."
Jeremy Bullmore

„Ich glaube, ein guter Texter arbeitet ganz grundsätzlich wie ein Chirurg: An einem Tag operiert er die Leber, ein Tag darauf ist es eine Blinddarmentzündung, eine Augenoperation am dritten Tag und am vierten operiert er einen Hirntumor. Auch ein guter und vielseitiger Werber beherrscht die meisten Techniken seines Fachs."
Rosser Reeves

„Verliere niemals die Tatsache aus den Augen, dass es dein Job ist, die Probleme anderer Leute zu lösen. Aber gleichzeitig solltest du auch deine eigenen lösen."
Lucile Tenazas

„Nur weil etwas lesbar ist, bedeutet es noch lange nicht, dass es auch richtig kommuniziert; es könnte die falsche Aussage kommunizieren."
David Carson

4.2 | Texten heißt zwischen Menschen vermitteln

Es mag seltsam klingen, aber das Werbetexten ist immer auch ein diplomatischer, ein vermittelnder Akt. Das kommunikative Paradox lässt sich am ehesten so umschreiben: Werbung ist nicht für den Auftraggeber, sondern für den Konsumenten bestimmt – aber der Auftraggeber entscheidet, ob eine Werbemaßnahme überhaupt den Markt erreicht. Also: Der, für den die Werbung gar nicht bestimmt ist, verfügt über ihren Einsatz!

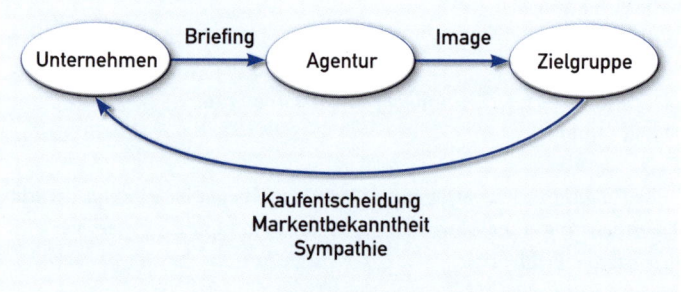

Das Dreiecksverhältnis zwischen Unternehmen – Agentur – Zielgruppe

In diesem Sinne hat der Werbetext, und wichtiger noch, die konzeptionelle Flankierung der Kampagne, neben der aggressiven Ausrichtung in den Markt auch eine defensive Komponente. Diese dient der Erläuterung gegenüber dem Auftraggeber.

Klar ist: Erst muss der Auftraggeber kommunikativ überzeugt werden, dann die Zielgruppe. Es ist nicht immer einfach, wiewohl unvermeidlich, gleichzeitig in zwei Richtungen zu denken und zu arbeiten. Für den Texter bedeutet dies, dass er zumindest zwei Jargons beherrschen muss – die Sprache der Marketing-Entscheider und die (ausschlaggebende) Sprache der Zielgruppe.

Vom ersten Augenblick der Kooperation zwischen Agentur und Auftraggeber muss klar sein, wer für was zuständig ist. Das setzt Vertrauen voraus – und die Fähigkeit, souverän und konsequent zu delegieren. Die Kompetenz der Agentur als Kommunikationsdienstleister sollte für den Auftraggeber über jeden Zweifel erhaben sein. Niemand geht zum Arzt, um die Diagnose infrage zu stellen. Man geht zum Arzt, weil man ein Problem hat. Der Job einer Werbeagentur besteht einfach darin, die kommunikativen Herausforderungen und Fragestellungen des Auftraggebers überzeugend zu lösen. Wobei überzeugend hier nichts anderes bedeutet als die Umsetzung größtmöglicher Markt- und Erfolgschancen. Unabdingbare Voraussetzung hierfür ist jedoch, dass der Auftraggeber in der Lage ist, sein eigenes Problem klar und deutlich zu benennen.

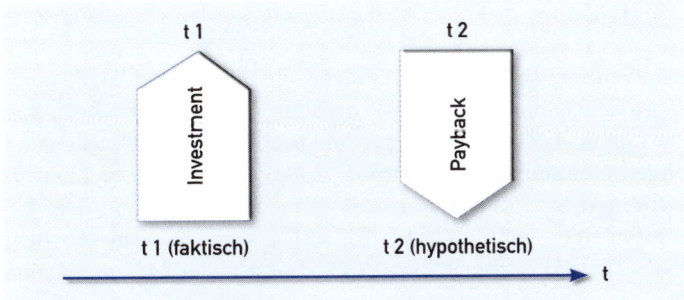

Werbung: Eine Zukunftsinvestition

Die einfache Erkenntnis lautet: Zuletzt entscheidet über das Wohl und Wehe der Zusammenarbeit zwischen Kunde und Agentur der Markt – und nicht der Auftraggeber.

Vom Briefing zur Kampagne   4.3

Chaos führt zwangsläufig zu Reibungsverlusten. Und welche Branche wäre hierfür anfälliger als die Werbung, die ja gerade von der freien und ungesteuerten Ideenfindung lebt? Kreatives Chaos, um es vorweg zu nehmen, lässt sich in der Kommunikationsbranche nicht vermeiden. Denn gerade das Unvorhergesehene und Überraschende liefert nicht selten im Ergebnis eine brillante Idee und Umsetzung.

Andererseits jedoch ist nichts fataler und gefährlicher, als auf die unberechenbaren Kräfte der Inspiration zu bauen. Werbung braucht klare, messerscharfe Strukturen, um überhaupt zu funktionieren. Das administrative Korsett, von vielen kreativen Werbern als lästig empfunden, ist dabei der unabdingbare Rahmen, innerhalb dessen sich die Kräfte der Phantasie entfalten können – aber stets innerhalb enger terminlicher, konzeptioneller und strategischer Grenzen.

> **Eine gute werbliche Idee ist niemals gut schlechthin – sondern stets in einem ganz handfesten Sinne tauglich, umsetzbar und realistisch.**

Die Werbung selbst ist eine Branche, die im höchsten Maße kommunikationsintensiv ist. Die meisten Arbeitsschritte betreffen stets mehr als einen Mitarbeiter und bedürfen einer schnellen und engen Kommunikationsführung. Interne und externe Missverständnisse mit Mitarbeitern und Kunden kann sich am allerwenigsten eine Agentur leisten. Schließlich wird sie gerade aus dem einen Grund beauftragt, Missverständnisse in der Kommunikation erst gar nicht aufkommen zu lassen.

Auch in der Werbung führt erst der durchdachte und gut strukturierte Arbeitsprozess zu effektiven Ergebnissen. Im Folgenden finden Sie beispielhaft die Arbeitsschritte vom Briefing zur Kampagne.

Das Briefing

Die Arbeitsgrundlage für die Agentur, die alle relevanten Angaben (Werbeziel, Positionierung, Zielgruppen, Timing, Budget) enthält. Je präziser das Briefing, desto punktgenauer die Umsetzung.

Explizite Aufgabenverteilung

Wer macht was bis wann? Ausgesprochen ärgerlich, wenn identische Arbeitsschritte von verschiedenen Mitarbeitern geleistet werden. Das kostet nicht nur Zeit, sondern bisweilen auch den Auftrag! Wichtig beim Timing ist die verbindliche Festlegung von Zwischenschritten. Es ist ein bisschen wie bei der Tour de France

– das Erreichen von Etappen ist die Voraussetzung für den erfolgreichen Zieleinlauf.

Recherche
Kommunikation baut auf Fakten und Kenntnis, nicht auf Halbwissen auf. Und die besten Ideen liegen allemal in den Fakten verborgen. Eine intensive Auseinandersetzung mit dem Produkt, der zu bewerbenden Dienstleistung und der Marke geht dem eigentlichen kreativen Prozess zwingend voraus. Gut gefunden ist allemal besser als eine mittelmäßig entwickelte Idee. Auch Aspekte der Gestaltung (Logo, Farben, Typografie) sind in dieser Arbeitsstufe bereits zu berücksichtigen.

Konzept und Strategie
Die Kreation folgt grundsätzlich der strategischen Ausrichtung. Erst wenn die Marketingziele definiert, die Positionierung herausgearbeitet und die kommunikative Stoßrichtung festgelegt ist, kann mit der eigentlichen kreativen Arbeit begonnen werden. Jede kreative Leistung fußt dabei auf dem strategischen Konzept, dessen Bedeutung niemals zu unterschätzen ist. Nicht von ungefähr fungieren die strategischen Planer in den großen Werbeagenturen als Bindeglied zwischen Geschäftsleitung und Creative Department. Kurz gesagt: Hirn ist in der Werbung das Futter für die Phantasie. Hinter jeder Idee sollte die strategische Grundüberlegung sichtbar werden.

Ideenfindung
Erst wenn alle Fakten auf dem Tisch liegen, wird mit der Suche nach Ideen begonnen.

Wie lässt sich das Produkt dramatisch inszenieren? Gibt es ein key visual? Wie weit darf provoziert – oder sogar ein Tabu gebrochen werden?

Mutige Ideen erkennt man daran, dass sie beispiellos dastehen – ohne Referenz und ohne bekannte Ableitung.

Das Neue ist eben niemals das Vertraute. Eine Idee fragt nicht danach, in wessen Kopf sie entstanden ist. Der Prozess der

Ideenfindung ist also unbedingt als Teamleistung zu betrachten. Der inspirierende Funke entsteht zumeist durch die Reibung von unterschiedlichen Betrachtungs- und Interpretationsweisen. Ideenfindung ist Teamwork. Es ist das größte Paradox der Werbebranche, dass ihr Kernprodukt – die Idee – am schwierigsten zu definieren und am problematischsten zu steuern ist.

Ideenselektion

Am Ende der Ideenfindung steht eine der wichtigsten Entscheidungen: Welche Ideen werden verworfen, welche wird beibehalten und weiter verfolgt? Die harte Selektion von mittelmäßigen oder unbrauchbaren oder einfach nicht hinreichenden Ideen ist die Voraussetzung für die Konzentration auf den möglichst besten Vorschlag. Nur die beste und überzeugendste Idee rechtfertigt, dass weiterhin Zeit, Energie und Manpower in sie investiert wird.

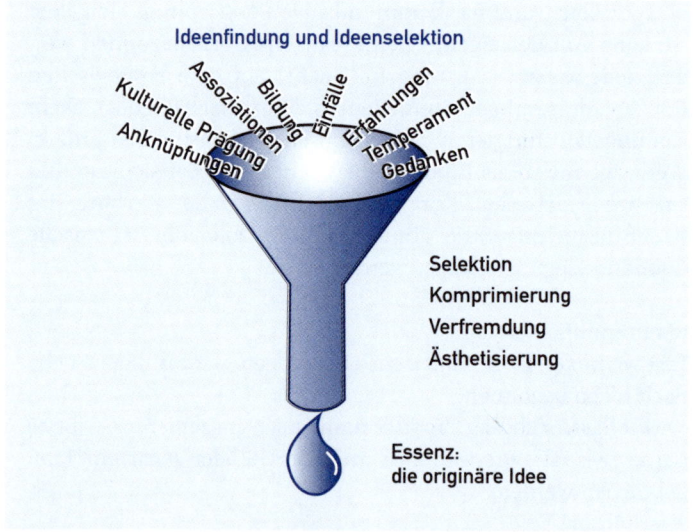

Den Prozess der Ideenfindung und -selektion kann man sich am besten als Trichter vorstellen: oben breit und unsystematisch, unten deutlich zugespitzt und hoch konzentriert. Das Arbeitsergebnis ist zwar nur in seltenen Fällen der Stein des Weisen. Es genügt, das Wesentliche aussagekräftig, glaubwürdig, wiedererkennbar und überraschend darzustellen.

Umsetzung und Layout

Wenn die Idee steht, muss sie ansprechend visualisiert werden. Für eine gute Idee finden sich immer genug Bilder. Umgekehrt jedoch ist ein gutes Bild nur das Surrogat für eine brillante Idee.

Zur Umsetzung gehören: Bildrecherche und -auswahl, Headlines, die Formulierung (und Begründung) des Claims sowie die Erstellung eines grafischen Erscheinungsbildes.

Bei Funk-Produktionen steht, schon in dieser Arbeitsphase, der Text fest – gelegentlich werden auch günstige Layout-Spots produziert. Filmideen werden als Treatment inhaltlich angerissen und durch ein Storyboard bzw. einfache Animationen visualisiert.

Budgetierung und Timing

Parallel zu der kreativen Arbeit wird von dem zuständigen Kundenberater eine detaillierte Kostenaufstellung erarbeitet. Auch das Timing für die Produktion kann bereits zu diesem Zeitpunkt erstellt werden.

Präsentation

Die Präsentation ist der Showdown für die Agentur und stets die Stunde der Wahrheit. Jetzt gibt es keine Ausflüchte und Entschuldigungen mehr, sondern nur noch das offensive Bekenntnis zur geleisteten Arbeit. Die Präsentation einer Werbekampagne ist, genauer betrachtet, nichts anderes als ein aufwändig geführtes Verkaufsgespräch. Der Repräsentant der Agentur möchte den potenziellen Kunden von der Güte seiner kommunikativen Dienstleistung überzeugen. Das gelingt am besten, wenn man selbst inhaltlich von der Sache überzeugt ist. Jede Präsentation ist eine Entscheidungsvorlage für den Auftraggeber. Zu diesem Zeitpunkt sind noch alle Wege offen. Sobald die Entscheidung gefallen ist, kann mit der Produktion begonnen werden.

Produktion

Je nach Größe, Art und Umfang des Auftrags umfasst die Produktion: Photo- oder Filmshooting, finale Text- und Layouterstellung, Reinzeichnung bzw. Postproduktion, Mediabuchung und Datenversand. Bei den wichtigsten und kostenintensivsten Posten wie etwa einem Photoshooting oder Filmdreh sollte der Kunde als Auftraggeber vor Ort sein. Weniger um die einzelnen Arbeitsschritte persönlich zu steuern (das bleibt die Domäne der Agentur!), als vielmehr um vor unangenehmen Überraschungen gefeit zu sein. Das letzte Worte in allen Fragen der Umsetzung und Produktion hat der Kunde als Geld- und Auftraggeber.

Wer macht welchen Job?

Agenturen sind Ideenschmieden. Darüber hinaus sind sie jedoch auch wirtschaftlich strukturierte mittelständische Unternehmen, die von einer klaren Arbeitsteilung profitieren. Um unnötige Eifersüchteleien und Kompetenzstreitereien zu vermeiden, ist auf die administrative Einhaltung der Arbeits- und Verantwortungsgrenzen zu achten.

Dennoch wäre es fatal, wenn diese Grenzen undurchlässig wären. Denn gerade die Werbung lebt ja ganz essenziell vom freien Meinungs- und Ideenaustausch. Es ist ein Balanceakt, die notwendigen Kompetenzen administrativ zu definieren, sie informell jedoch offen zu halten. Warum sollte ein Art Director nicht eine brillante Media-Idee entwickeln und umgekehrt dem Mediaexperten nicht eine famose Headline einfallen? Alle Ideenpotenziale gilt es zu nutzen und auszuschöpfen. In der Werbung kann jeder Ideen haben.

Strukturell lassen sich die Aufgaben einer Werbeagentur in drei Felder einteilen: Administration, Kreation (Creative Department) und Produktion. Das zusätzliche Kompetenzfeld Strategische Planung ist zumeist als Bindeglied zwischen Geschäftsleitung und Kreation angesiedelt.

Wollte man eine Agentur mit einem menschlichen Organismus vergleichen, so entspricht die Administration dem Kopf, die Kreation dem Herzen und der Bereich Produktion den Gliedmaßen einer Agentur. Alle Bereiche zusammen ergeben das Full-Service-Angebot der Agentur. Das möglichst breit gestreute Portfolio stellt sicher, dass alle Kommunikationsaufgaben sicher gelöst werden können.

Die Agenturen pflegen darüber hinaus ein engmaschiges Kontaktnetz zu Druckereien, Freelancern, Film- und TV-Produktionen,

Herstellern von Messeständen, Fotografen, Illustratoren etc. Die notwendigen Branchenkontakte gewährleisten, dass alle strategischen, kreativen und technischen Aufgaben zuverlässig umgesetzt werden.

Eine Agentur ist gerade so gut wie ihr Kontaktnetz zu externen Fachleuten. Wichtig dabei ist, dass alle am Produktionsprozess Beteiligten dieselbe Dienstleistungsmentalität pflegen. Wenn ein einziges Glied in der Kette versagt, kann dadurch der gesamte Produktionsprozess infrage gestellt werden. Erst das gute Zusammenspiel aller Beteiligten – Kunde, Agentur, externe Dienstleister – bringt den gewünschten kommunikativen Erfolg.

Administration
- Geschäftsleitung
- Controlling
- Kundenberatung
- (Strategische Planung)
- Sekretariat

Kreation
- Creative Director (Text/Art)
- Art Director
- Texter/Konzeptioner
- Grafiker
- Junior Texter
- Reinzeichnung
- Art Byuing

Produktion und Media
- Produktioner für Druck, Event, TV – je nach Profil und Tätigkeitsfeld der Agentur
- Mediafachmann/frau

Aufbau einer klassischen Agentur

4.4 | Texten als Profession

4.4.1 | Woran erkennt man eigentlich einen guten Texter?

Jeder Texter ist so etwas wie ein Universaldilettant. Er verfügt über Bildung, ein gehöriges Maß an Common Sense, was ihn dazu befähigt, komplexe Sachverhalte innerhalb kurzer Zeit in überschaubare Sinneinheiten zu zerlegen und diese überraschend neu zu kombinieren. Ein Texter arbeitet leidenschaftlich und selbstmotiviert: Es ist die Freude an der gelingenden Kommunikation, die ihn antreibt. Das Spannende an der Werbung und am Texten ist der offene Umgang mit den unterschiedlichsten Menschen und Milieus – sowie die Notwendigkeit, sich mit ihnen intensiv auseinander zu setzen.

Die wichtigsten Tugenden des Texters dürften zweifelsohne Intuition und Empathie sein.

Es gehört schlechthin zu seinem Job, sich in die heterogenen Zielgruppen hineinzudenken. Was sind ihre Motive? Was treibt sie an? Womit könnte man sie begeistern oder zumindest ihr Interesse wecken?

Das klassische Marketing betrachtet die Marktteilnehmer als eine ökonomische Größe. Für die Werbung jedoch ist die Zielgruppe ein psychologisches Phänomen. *„Mit wem spreche ich überhaupt? Wie kann ich den Anderen unterhalten, amüsieren, provozieren?"* Die Antwort auf diese Fragen setzt ein gewisses Maß an Einfühlung voraus. Als Texter gibt es keine Distanz zur Zielgruppe und nichts ist der kreativen Arbeit weniger zuträglich als stundenlange Meetings.

Die Handlungsmotive und Reizflächen, die Idiosynkrasien, Tabus und Lieblingsthemen einer Zielgruppe liegen selten auf der flachen Hand. Zum Texten braucht es die freudige Bereitschaft zur Recherche, zur Beobachtung, zur psychologischen Schlussfolgerung. Und das braucht auch seine Zeit.

Es ist richtig: das professionelle Texten lässt einen so schnell nicht wieder los. Ein Nine-to-five-Job sieht gewiss anders aus. Um sich als Texter zu behaupten, gehört auch der Mut, für die eigenen Ideen einzustehen und wenn nötig zu kämpfen. Konfliktscheue in einer so offensiven Branche wie der Werbung zahlt sich nicht aus. Zum professionellen Arbeitsverständnis als Texter gehört ein hohes Maß an Disziplin – wenn beim zehnten Mal die Headline immer noch nicht sitzt, dann wird sie, koste es was es wolle, eben beim elften Vorschlag passen. Hier hilft nur Pragmatismus weiter, gepaart mit dem unbedingten Willen zu einer professionellen Leistung. Eine Headline, eine Idee, eine Konzeption, die nicht pünktlich zur Präsentation fertig gestellt wird, kommt einfach zu spät. Die Fähigkeit, unter hohem Zeitdruck überzeugende Resultate zu liefern, sind unabdingbar, um als Texter in der Werbebranche zu bestehen.

Das Credo des Texters: Neun Regeln 4.4.2

Man kann lange darüber streiten, ob das Werbetexten ein Handwerk sei, das sich konsequent erlernen lasse oder eine Begabung, die einem unverdientermaßen in die Wiege gelegt werde. Fest steht: Ohne eine (wie auch immer geartete) Affinität zum sprachlichen Ausdruck steht man als Texter auf ziemlich verlorenem Posten. Andererseits wäre das Texten in der Werbung ohne die rigide Einhaltung gewisser Spielregeln wenig mehr als ein sprachlicher Zeitvertreib.

Die folgenden Regeln sind dabei nicht als eherne Gesetzestafeln zu verstehen – aber ihre Beachtung wird zweifelsohne den Werbealltag erleichtern.

Regel 1: Texten ist eine Dienstleistung

Die Sprache folgt dem ökonomischen Kalkül. Kein Kunde gibt eine Kommunikationsmaßnahme in Auftrag, ohne dabei wirtschaftliche Interessen zu verfolgen.

Der Text ist nicht Selbstzweck (ansonsten wäre er ja Literatur), sondern dient den klar definierten Zielen des Auftraggebers.

Regel 2: Kurz, kurz, kurz

Eine gute Idee lässt sich auf dem Rücken einer Streichholzschachtel skizzieren. Oder in den Worten von John Hegarty:

„Die Französische Revolution folgte drei Schlagwörtern – Freiheit, Gleichheit, Brüderlichkeit. Warum brauchen wir so viel mehr Worte, um eine Dose Katzenfutter zu verkaufen?"

Regel 3: Auffallen und gefallen

Nichts ist schwerer zu erlangen als die Aufmerksamkeit des Betrachters. Man muss ihn überraschen, amüsieren, ihn mit dem Unerwarteten konfrontieren.

Werbung kann und soll bisweilen skandalisieren – aber zuletzt muss eine affirmative und positiv gehaltene Botschaft beim Betrachter ankommen.

Regel 4: Kenne die Zielgruppe wie dich selbst

Ein Texter ist, in gewissem Sinne, wie ein Bestsellerautor: Das Geschriebene ist für ein großes, genau definiertes Publikum bestimmt.

Die Zielgruppe ist jedoch mehr als bloß der Empfänger der Botschaft – sie steht am Anfang aller textlichen und konzeptionellen Überlegungen.

Regel 5: Kein Text ohne Briefing

Niemand arbeitet ohne eine klar umrissene Aufgaben- und Zielvorstellung – im Marketing Briefing genannt. Das Briefing ist die Matrix für die folgende Kreation.

Regel 6: Text und Bild gehören zusammen

Die Mischung macht's. In der Werbung kommt der Text ohne ein zugehöriges Bild kaum aus. Für den beruflichen Alltag bedeutet dies: Texter und Grafiker ergeben erst zusammen eine schlagkräftige Einheit.

Regel 7: Der Kunde ist dein Freund

Als Auftraggeber hat der Kunde das letzte Wort. Der kreative Texter setzt alles daran, ihm das richtige Wort in den Mund zu legen. Ein solides Kundenverhältnis ist die Basis für herausragende konzeptionelle Ergebnisse.

Regel 8: Ideen formen die Sprache – nicht umgekehrt

Keine noch so ausgefeilte Copy, keine formal noch so brillante Gestaltung kann das Wichtigste und zugleich am wenigsten Fassbare in der Werbung ersetzen: die Idee.

Regel 9: Vor der Headline kommt die Kopfarbeit

Professionell texten bedeutet konzeptionell texten. Um kommunikativ ins Ziel zu treffen, muss dieses zuvor verbindlich festgelegt worden sein. Mit einer Schrotflinte und verbundenen Augen ist die Wahrscheinlichkeit, ins Ziel zu treffen, eine eher geringe.

Schluss   4.5

Texten heißt, Bezüge zu schaffen: von Marken zu Produkten, von Produkten zu Märkten, von Märkten zu Menschen. Der Bezugsrahmen ist dabei vorgegeben. Die Werbung setzt gerade dort an, wo gelernte Bilder, kommunikative Konventionen, kulturelle Klischees und die gesellschaftliche Matrix mit ihren unausgesprochenen Geboten und Verboten sich mit der Welt der Marken und des Konsums berühren.

Der Text und das ihm unterlegte Konzept ist die Brücke zur Zielgruppe – ihr letzter Pfeiler ragt tief in den prospektierten Markt. So ist auch der Text nichts anderes als ein Bedeutungsträger, der Bote einer Nachricht, die es vorab zu vereinbaren gilt. Diese Nachricht ist niemals willkürlich gewählt. Die Art und Weise ihrer Übermittlung, markenstrategische Überlegungen, Ergebnisse der Marktforschung, die Introspektion der Zielgruppen gehen dem Schreiben des Textes voraus.

Am Ende der werblichen Kommunikation steht immer die Entscheidung des Konsumenten. Sie ist die eigentliche Nagelprobe der Werbung: Gefallen oder Missfallen, Kauf oder Nichtkauf, Begehrlichkeit oder Abstoßung, in einem Wort, *Erfolg oder Misserfolg* im kommerziellen Sinn. In diesem *ultimativen Dualismus* spricht sich bereits die Härte des werblichen Wettbewerbs, das unerbittliche *Entweder-Oder* des konsumistischen Gesetzes aus. Bei begrenzten Mitteln ist es ja immer entweder dieses oder jenes Ding, welches der Rezipient in Konsequenz erwirbt – oder auch nicht.

Jede Kaufentscheidung zugunsten eines beliebigen Objektes fällt notwendigerweise zuungunsten eines anderen Objektes aus. Die Steuerung dieser Entscheidung ist die eigentliche Aufgabe der Werbung. Es liegt im Wesen dieses *konsumgetriebenen Dezisionismus,* dass jede positive Entscheidung *für* ein Objekt zugleich die negative Entscheidung *gegen* ein anderes impliziert. Gerade diese Härte der Entscheidung zwingt zur Entwicklung von überraschenden und innovativen werblichen Konzepten.

Das größte Potenzial eines Textes liegt nicht in seinen Worten, in der Formulierungskraft und der sprachlichen Gefälligkeit. Das größte (und zugleich am wenigsten planbare) Potenzial liegt in der Idee, ihrer Entwicklung, Ausarbeitung, Überhöhung und Umsetzung.

Werbung muss konkreten kommunikativen Mehrwert schenken

- Massenwerbung ist nur ein Schlagwort. Tatsächlich erreicht die Werbung nur dann ihr Ziel, wenn sie die Konsumenten einzeln und individuell anspricht und trifft.

- Der Konsument ist also keine abstrakte Größe, sondern eine konkrete Person. Und genau so sollte man ihn sich auch vorstellen.

- Werbung ist eine Form der Unterhaltungsindustrie. Denn: Aufmerksamkeit wird nur um den Preis eines kommunikativen Mehrwertes geschenkt.

- Kommunikation ist ein strukturierter Prozess. Das gekonnte Zusammenspiel unterschiedlicher Spezialisten und Unternehmenseinheiten ist die Grundvoraussetzung für die Entwicklung schlagkräftiger Ideen und Kampagnen.

AUFGABEN

Sechs Übungen, die Ihr Sprachvermögen trainieren

■ Übung 1: mit Assoziationen arbeiten

Eine einfache Übung zum Testen Ihrer Assoziationsfähigkeit:

▸ Denken Sie sich bitte drei Begriffe aus, die mit unterschiedlichen Buchstaben beginnen.

▸ Ordnen Sie diese in beliebiger Reihenfolge an.

▸ Erfinden Sie eine kurze Geschichte, in der die Begriffe in der von Ihnen festgelegten Reihenfolge verwendet werden.

■ Übung 2: Die Tonalität eines Textes

Folgende Nachrichtenmeldung: *„Ein sechsjähriges Mädchen wird von ihrem Hund (einem Berner Sennhund) vor dem Ertrinken gerettet."*

Schreiben Sie bitte die Überschrift für diese Meldung

▸ als Artikel in der FAZ,

▸ als Aufmacher in der BILD-Zeitung,

▸ im Internet-Blog der Mutter des Mädchens.

■ Übung 3: Von der „Mindmap" zum Anzeigenmotiv

▸ Schritt 1: Notieren Sie einen willkürlich gewählten, aber konkreten Begriff (z.B. Kaffee, Turnschuh, Pyjama etc.) auf der Mitte eines weißen A4-Blattes.

▸ Schritt 2: Notieren Sie nun alle weiteren Begriffe, die Ihnen dazu einfallen, ohne sich dabei selbst zu zensieren.

▸ Schritt 3: Wenn Sie 30 Begriffe notiert haben, unterstreichen Sie bitte die fünf ausdrucksstärksten und relevantesten. Diese Begriffe sind zugleich expressive Merkmale des Ausgangsbegriffs.

▸ Schritt 4: Schreiben Sie fünf kurze Headlines, die die jeweiligen Merkmale des Ausgangsbegriffs explizit thematisieren.

- Übung 4: Vom Bild zum Wort
  Stellen Sie sich eine wunderschöne hundertjährige Buche vor, die allein auf einem herbstlichen Hügel steht. Denken Sie sich die passende Headline für dieses Bildmotiv aus:
  - ► für eine Imageanzeige des BUND (Naturschutz) sowie
  - ► für ein Bestattungsunternehmen.

- Übung 5: Begriffe sind Wettbewerber
  Zu jedem Begriff gibt es einen Gegenbegriff – zu jedem Produkt gibt es ein Produkt, das (subjektiv) besser ist bzw. für die individuellen Nutzungszwecke geeigneter ist. Beispiele: Auto und Fahrrad, Brille und Kontaktlinsen, Mietwohnung und Eigenheim, Zugfahrt und Flugreise etc.
  - ► Finden Sie fünf weitere solcher Gegensatzpaare.
  - ► Finden Sie heraus, aus welchem Grund bzw. welchen Gründen der eine der beiden jeweiligen Begriffe für Sie attraktiver ist.
  Auf genau diese Weise arbeiten Sie einen überzeugenden Produktvorteil heraus, der auf der Bedürfnishaltung der Zielgruppen aufbaut. Formulieren Sie diese Vorteile aus („ ... ist besser, weil ...“).

- Übung 6: Frage und Antwort
  Wer eine Frage stellt, sucht denjenigen Menschen, der ihm die Antwort auf diese Frage gibt. In diesem Sinne ist jede Frage involvierend und erheischt die Aufmerksamkeit des Adressaten. Dies lässt sich auch werblich nutzen.
  - ► Die Aufgabe: Nehmen Sie fünf beliebige Anzeigen einer Publikumszeitschrift – einzige Bedingung: Die Anzeigen müssen eine Headline haben.
  - ► Formulieren Sie deren Inhalt in eine Frage um.
  - ► Welche Antwort möchten Sie suggerieren?
  - ► Stellen Sie Ihre Frage so, dass es nur eine einzige richtige bzw. wünschenswerte Antwort geben kann.
  Genau dies ist die kanalisierte Form werblicher Kommunikation!

Literatur

Werbung, Text und Marketing

- Aaker, D. A.: Brand Leadership. London, 2002
- Barowski, M.: Textgestaltung. Berlin, 2003
- Bernbach, W.; Burnett, L. et al.: The art of writing advertising. Conversations with masters of the craft. Chicago, 1965
- Bernstein, D.: Watch this space. New York, 1997
- Creutz, B.: „Also, ich glaube, Strom ist gelb". Ostfildern-Ruit, 2000
- Domitzlaff, H.: Die Gewinnung des öffentlichen Vertrauens. Ein Lehrbuch der Markentechnik. Hamburg, 1992
- Dru, J.-M.: Disruption. Regeln brechen und den Markt aufrütteln. Frankfurt/M./New York, 1997
- Everything reverberates. Thoughts on Design. San Fransisco, 1998 (ohne Verf.)
- Gries, R. (u.a.): Ins Gehirn der Masse kriechen. Werbung und Mentalitätsgeschichte. Darmstadt, 1995
- Harms-Lückerath, M.: Galerie der Straße, Höhepunkte der Plakatkunst von ihren Anfängen bis heute. Heidelberg, 1998
- Harten, J.: Art meets Ads. Düsseldorf, 1992
- Herrmann, Chr.: Die Zukunft der Marke. Frankfurt, 1999
- Horx, M.: Markenkult. Wie Waren zu Ikonen werden. Düsseldorf, 1995
- Ders.: Megatrends für die späten neunziger Jahre. Düsseldorf, 1998
- Jung, H. u. von Matt, J.-R.: Momentum. Die Kraft, die Werbung heute braucht. Berlin, 2002
- Karmasin, H.: Produkte als Botschaften. Wien, 1993
- Kriegeskorte, M.: Hundert Jahre Werbung im Wandel. Köln, 1995
- Langwost, R.: Die Strategien von Top-Kreativen. Frankfurt/M., 1998
- Lindner, R.: „Das Gefühl von Freiheit und Abenteuer" Ideologie und Praxis in der Werbung. Frankfurt/M., New York, 1977
- Lorin, P.: 5 Giants of Advertising. New York 2001

- Mefferty, S.: Werbung und Kunst. Wiesbaden, 2001
- Meißner, Jörg (Hg.): Strategien der Werbekunst von 1850 bis 1933. Berlin 2004
- Ogilvy, D.: An autobiography. New York, 1997
- Ders.: Geständnisse eines Werbemannes. Düsseldorf, 1991
- Rademacher, H.: Kunst, Kommerz, Visionen. Deutsche Plakate 1888 bis 1933. Berlin 1992
- Schirner, M.: Werbung ist Kunst. München, 1991
- Schmitt, B.; Simonson, A.: Marketing-Ästhetik. Düsseldorf, 1998
- Slesina, H.: Die Fährte des Löwen. München, 1993
- Suter, M.: Schunkeln im Dunkeln. Ein Soziopsychogramm der Werbeleute. In: Heller, M. u. Keller, W.: Werbung ist für alle da. 1991, o.O.
- Toscani, O.: Die Werbung ist ein lächelndes Aas. Frankfurt/M., 1996
- Trout, J. u. Rifkin, S.: New Positioning. Düsseldorf, 1996
- ZAW-Jahrbuch „Werbung in Deutschland 2008"

Kommunikations- und Gesellschaftstheorie

- Baltes, M. (u.a.): Medien verstehen. Der McLuhan Reader. Mannheim, 1997
- Barthes, R.: Der entgegenkommende und der stumpfe Sinn. Kritische Essays III. Frankfurt, 1990
- Baumann, Z.: Flüchtige Moderne. Frankfurt/M., 2003
- Ders.: Postmoderne Ethik. Hamburg, 2009
- Berger, J.: Sehen. Das Bild der Welt in der Bilderwelt. Hamburg, 1996
- Bloom, A.: The Closing of the American Mind. New York, 1987
- Bolz, N.: Die Konformisten des Andersseins. München, 1999
- Ders.: Die Wirtschaft des Unsichtbaren. Düsseldorf, 1999
- Ders.: Weltkommunikation. München, 2000
- Corporate Policies. Econ Handbuch. Düsseldorf, 1992
- Flusser, V.: Medienkultur. Essays. Frankfurt/M., 1998
- Galbraight, J. K.: The affluent society. London, 1958
- LeBon, G.: Psychologie der Massen. Stuttgart, 1982

- Luhmann, Niklas: Die Realität der Massenmedien. Opladen, 1996
- Silverstone, R.: Anatomie der Massenmedien. Frankfurt, 2007
- Veblen, T.: The Theory of the Leisure Class. London, 1994 (New York 1899)
- Weber, M.: Soziologie und Universalgeschichtliche Analysen. Stuttgart 1992

Weiterführende Literatur

- Benjamin, W.: Das Kunstwerk im Zeitalter seiner technischen Reproduzierbarkeit. Frankfurt/M., 1963
- Brooks, D.: Die BoBos. Der Lebensstil der neuen Elite. München, 2001
- Forrester, V.: Der Terror der Ökonomie. Wien, 1997
- Houllebecq, M.: Die Welt als Supermarkt. Essays. Köln, 1999
- Kracht, Chr.: Faserland. Köln, 1995
- Ders., 1979. Köln, 2001
- Lynch, D.: Lynch über Lynch. Frankfurt, 1998
- Murakami, H.: The wind-up bird chronicle. London, 1998
- Pelewin, V.: Generation P. Roman, Moskau, 1996
- Perec, G.: Die Dinge. Roman, Stuttgart, 1984
- Ritzer, G.: Die MacDonaldisierung der Gesellschaft. Frankfurt/M., 1998
- Staffel, T.: Terrordrom. Zürich, 1998
- Virilio, P.: Der negative Horizont. Bewegung, Geschwindigkeit, Beschleunigung. Essay, München, 1989

Stichwortverzeichnis